運命転換思考

一生かかっても身につけたい
5つの「働き方」改革

江上治
富裕層専門のカリスマFP
Osamu Egami

経済界

思考に気をつけなさい、それはいつか言葉になるから。
言葉に気をつけなさい、それはいつか行動になるから。
行動に気をつけなさい、それはいつか習慣になるから。
習慣に気をつけなさい、それはいつか性格になるから。
性格に気をつけなさい、それはいつか運命になるから。

マザー・テレサ

うまくいかなかった人が、
うまくいくようになる――。
そういう喜ばしい「人生の変身」を、
私は、いくつか見てきました。

ある女性は、青い鳥を探し回ったあげく、
5千万円もの借金をつくりました。
でも、今では年に9千万円も稼ぐ
ライフ・コンサルタントになっています。

別のある女性は、高校生で子を産み、
離婚、結婚とやり直し、
災いとなるはずの背伸びする性格をそのままに、
いまでは、保険のセールスレディとして
MVP賞まで獲得しています。

ある男性は、自衛隊に入ってもなじめず、
そこから逃げるようにやめ、
場末のパチンコ屋で働く、自堕落な毎日でしたが、
いまでは、中堅不動産会社の社長。
苦労を掛けた母親に孝行を積んでいます。

むろん、マイナスからプラスに変わる過程で、
当然、七転八倒はあります。
でも、彼らは確実に変身したのです。
自分の運命を変えたのです。

私たちが知りたいのは、
何が、彼らの運命を変えたのか、です。
「運命を変えた正体」とは、何か。
それを知りたいのです。

はじめに

古来、運を好転させること、運命をよい方向に変えることは、人間の夢であったろうと思います。

現代でも、いくら努力しても思いどおりにならずに悩んでいる人は、男性、女性にかかわらず、学生からビジネスパーソン、経営者にいたるまで、たくさんいるはずです。

努力は大切ですが、努力だけでは、なかなか人生を開くことはできません。根本の力は、運、運命にあります。

私は、多くの億を超える年収の人たちを見てきましたが、基本的な共通項は「運がよい」ということです。運がよくなったら、運命がよい方向に変わったら、あなたを覆っているあらゆる悩みが、どんどん消えてなくなり、よい結果が続いて現れるに違いありません。

では、いったいどうしたら、運、運命を変えることができるのか。

その「変える」方法を本書でご紹介します。

とはいっても、これは占いやまじないではありません。オカルトのたぐいではありません。

本書ではまず、**運命を変えるために、運命の正体、中身を分析し、運命がどのような要素によって成り立っているのかを明らかにしていきます。**

そうして、その一つひとつの要素をどのような方向に変えていけば、運命がよい方向に変わるかをご紹介します。

それぞれの内容は、理屈は避け、具体的です。

年収が億超えのメンターたちの日常を中心に、また残念ながらそこまでいたっていない多くの身近な人々にも登場していただいて、そのエピソードが人間関係のうえでも、仕事でも、生活にも、生きるうえにでも、すべてに役立つように構成しています。

本文でも触れることになりますが、運命を変えるにはどうしたらよいのか、これを考えることは、私の半生においても大きなテーマでした。

それは、父の死と関係があります。

また、会社をつくったときの、最初の女性社員の処遇にも関係します。

いずれにしても、本書のテーマは他人ごとではなかったのです。

日々、さまざまな悩みにぶち当たって悩みがちな方。
後輩や新入社員、若手社員の教育に悩んでいる方。
仕事上の、また生きるうえでの、大きな問題に直面して立ち往生している方。
より成長したい、向上したい、と願っている方。
わが子を、より健全にすくすくと育てたいと考えている方など。
そうした方々には、ぜひ本書を参考にしていただきたいと願っています。

2017年1月吉日

江上　治

運命転換思考

もくじ

プロローグ

運命

Destiny

不幸せな運命はすべて、あなたが選択している。

第1章

思考

Thought

幸福になる「思考」を持ちなさい。やがてそれは運命を変えるから。

第2章

言葉

Word

「言葉」を変える思考を持ちなさい。やがてそれは運命を変えるから。

第3章

行動

Deed

「行動」を変える思考を持ちなさい。やがてそれは運命を変えるから。

第4章 習慣

Habit

「習慣」を変える思考を持ちなさい。
やがてそれは運命を変えるから。

第5章 性格

Character

「性格」を変える思考を持ちなさい。やがてそれは運命を変えるから。

不幸せな「運命」はすべて、あなたが

プロローグ

人間の運命は人間の手中にある。
——サルトル

運命は我々の行為の半分を支配し、ほかの半分を我々自身に委ねる。
——マキャベリ

内面で向き合わなかった問題は、いずれ運命として出会うことになる。
——ユング

運命は、どこかからやってくる者ではなく、自分の心の中で成長する者である。
——ヘルマン・ヘッセ

我々が我々の運、運命をつくる。そして我々はこれを運命と呼んでいる。
——ベンジャミン・ディズレーリ

選択している。

がんばっても、うまくいかないのはなぜか。
なぜ、うまくいく人といかない人がいるのか。
では善い行いをすれば、運命は変えられるのか。
そもそも人間は運命から逃れることができるのか。
私たちの運命を変える「鍵」は存在するのか。
その運命を変えるプロセスとは何か。
そんな「運命の正体」に迫っていきましょう。

運命 *Destiny*

運命は我々を幸福も不幸にもしない。ただその素材と種子を提供するだけである。
——モンテーニュ

恐怖と願望は離れて立っている二本の柱であり、運命を正反対の方向へ導いていく。
——デニス・ウェイトリー

運命は、志のある者を導き、志のない者を引きずっていく。
——セネカ

私にできることは何か？ 運命以上のものになることだ。
——ベートーヴェン

がんばるだけでは運命は変わらない

私のはじめての著書『年収1億円思考』（経済界）が世に出たのは、東日本大震災の起こる1カ月ほど前でした。

年収1億円を超える、とんでもなく稼ぐ人は、どんな人なのか、なぜそんなに稼ぐことができるのか、彼らの思考から学ぶものはどのようなことがあるのかなどをテーマとして、私のクライアントの億万長者に幾人か登場していただき、レポートしたものでした。

大震災とそれにともなう福島原発事故で、大揺れに揺れる世の中で、幸い好評を持って迎えられてベストセラーとなりましたが、この本のベースには、実は私ならではのひとつの「疑問」が流れているのです。

それは、

「この世の中、うまくいっている人がいる。でも、うまくいっていない人もいる。なぜ、一方はうまくいき、もう一方はうまくいかないのか」

実にシンプルな問いです。

『年収1億円思考』には、うまくいっている人も、うまくいっていない人も登場しますが、「なぜ？」という問いは、あえて発することはせず、読者とともに考えていきます。

この問いは、天草市で電気店を営んでいた父の不幸な最期をきっかけにして、私の胸に宿ったものでした。

30年近く前のことです。**父は、自分のせいではない、多額の借金を抱えたまま、私が大学4年のときに、自らの命を絶ったのです。**

あれほど寝ずに働いていた父が、なぜ、借金に押しつぶされてこの世を去らねばならなかったのか。この悔しさと怒りをないまぜにした思いは、私に、人間の「努力」と「運」について考えさせるきっかけとなったのです。

努力の大切さは、だれもが口にしますし、私も重要だと思います。

でも、努力さえすれば成功するのかといえば、そうではありません。

父のように、**必死に努力をしたにもかかわらず、うまくいかず、一敗地にまみれる人間もいます。**

うまくいくか、いかないか——この分かれ道にあるのが何か、長らく私は考えました。

もちろん「運」あるいは「運命」だといって納得することは簡単でしたが、このような正体がよくわからない言葉ではなく、しっかりした答えがほしかったのです。

一時は、その人の持つ「人生計画」いかんによるのではないか、と考えたこともありました。この考えから生まれたのが、第2作『年収1億円人生計画』です。

さらに、この人生計画論を日常生活に降ろしてみて、綿密な計画のもとに、目的と目標を乗り越えていくことによって、うまくいく道があるのではないかと考え、ここから生まれたのが、第3作『年収1億円手帳』でした。

運命を「変える鍵」は何か？

しかし、そうして考え続ける中で、

「やはり、人生の要諦《ようてい》は運命だ」

という気持ちが、大きく膨らむのを抑えられませんでした。

人生計画も手帳の活用も大切なものですが、うまくいくか、いかないかを決めるのは、その人の持つ「運」、そして「運命」だという気持ちです。

松下幸之助氏も、側近の江口克彦氏を相手に、

「今日までの自分を考えてみると、やはり90％が運命やな」

「あの人は成功したけど、自分は失敗したと。そういう場合もあるな。それは努力が足らんかったとは言い切れんことがある。ひとつの運命として考えんといかんかもしれん」

と語っています。

うまくいく、いかないの分岐点を見て、

「彼には運があった。だから苦難を乗り越えることができた」

「失敗したが、あれが彼の運命だよ」

このように結論づけるほうが、納得しやすいのはたしかです。

ただ、この言葉には、私は何やらのうさん臭さを昔から持っていました。

特に合理的なものの考え方を好む私が、この言葉で納得するに不満だったのは、「運命」の正体が明確ではなかったからです。

その意味を辞書で見ると、こうあります。

「超自然的な力に支配されて、人の上に訪れるめぐりあわせ。天命によって定められた人の運。②今後の成り行き。将来。」（大辞林）

運命と並んで、宿命ということもよくいわれます。『大辞林』の説明は、「前世から決まっており、人間の力では避けることも変えることもできない運命。」

宿命も、運命のひとつではあるけれど、こちらは「避けることも変えることもできない」ものです。ものの本によれば、たとえば、人間として日本に生まれたこと、男性や女性として生まれたこと、親の住む環境、長男や長女であることなどがそれです。

一方の運命はどうでしょうか。こちらも「超自然的な力や天命によって決められている」の解釈を採れば、宿命とほぼ同じ意味になります。避けることも変えることもできません。これでは、意志ではどうにもならない、絶対的な世界になってしまいます。

人間の意志で変えられないものなんて、まっぴらです。

でも、**運命には「今後の成り行き。将来」という意味もあります。これなら、避けることも、変えることもできそうです。**

ただし、どのようにして避けるのか、どのようにして変えるのか、という大切な鍵は渡されていません。この鍵のありかがわからなければ、結局は、宿命と大して変わりのないものとなってしまいます。

善行で運命は変えることができる？

そんなときに、ある人が、袁了凡《えんりょうぼん》の『和語陰隲録《わごいんしつろく》』を子ども向けに翻訳した『こどもたちへ　積善《せきぜん》と陰徳《いんとく》のすすめ――和語陰隲録意訳』（梓書院）という本を貸してくれました。

袁了凡は400年ほど前、明《みん》の時代の大学者で、『陰隲録』は自分の息子のために書き残した家訓というべきものです。もともとは難しい内容なのでしょうが、これは子ども向けに書かれた本だけあって、たいへんわかりやすい内容となっています。

翻訳した三浦尚司氏による「はじめに」には、こうあります。

《善《よ》い行《おこな》い（これを「善行《ぜんこう》」と呼びます）をすることが、中国人が最も望んだ高い地位の役人になる「科挙《かきょ》」の試験に合格し進士《しんし》となる道につながることや、毎日、善い行いを重ねることによって親から子へ、さらに孫にまで運が開けるという、原因から結果までを、事実を示しながら解き明かしています》

つまり、善行を重ねることが、運命を変えることだというのです。

ようやく鍵に出合ったと、このときは思いました。

この本は100ページにも満たないものなので、ぜひ原典に接してもらいたいのですが、わかりやすく、内容をかいつまんで紹介しましょう。

袁了凡《えんりょうぼん》は幼くして父を亡くし、貧しい暮らしの中で母親に育てられました。はじめは進士という高い地位につける、科挙の試験に合格する志を持っていましたが、母親のすすめで、父の後を継いで医者になる勉強をしていました。

ところが、ある日、袁了凡は孔《こう》という老人に出会います。孔老人は占《うらな》いで名高い人で、袁了凡の生涯を占いました。

占いによると、袁了凡は高い地位の役人になるための試験に次々と合格し、また出世もしますが、結婚しても子どもは生まれず、53歳で亡くなる、という人生でした。

袁了凡は、孔老人の占いを信じ、ふたたび役人になるための勉強を始めます。その後の彼の運命は、老人の占ったとおりになります。

袁了凡は、自分の人生は、遠い将来まで運命で決まっているのだと考えてしまいました。

ところが出世した袁了凡はあるとき、古くからの友人である高僧、雲谷禅師《うんこくぜんじ》に会います。このめぐりあいが転機になりますが、その後を変える会話は次のようなものです。

《雲谷禅師が不思議そうに私を見つめて、「およそ、法門宗教の中で、悟りを得るのはむずかしい。だれもが妄念《もうねん》（邪悪な思いや誤った考え）がわくものだが、あなたは三日間も座談したのに、少しの妄念も起こさないのはどうしてですか。そのわけをぜひ聞かせてください」といわれました。

「私はむかし、占いで有名な孔先生という方から世の中の富貴《ふうき》、貧賤《ひんせん》、寿夭《じゅよう》、生死《せいし》を占ってもらいました。ですから、私の生死はすでに定まっているので変えようがないのです。したがって、妄念など起こしようがないのです」と答えました。

その返答を聞いた雲谷禅師は、いきなり大いに笑って、**「今まであなたのことを、この時代では千万人に一人めぐりあえるかわからぬ、すぐれた豪傑《ごうけつ》の人かと思っていましたが、その返答を聞くと普通の凡人でしたか」**といわれたのです。》

凡人といった理由を、雲谷禅師が答えます。

《もとより定められた命数《めいすう》（運命）というものは、生まれたときから死ぬときまで決まったかたちで生まれてくるものです。

しかし、最善の人と最悪の人は、善悪の強さに引かれ、天より定める命数の算用とくいちがうものなのです。

ただ通常の凡人だけが、この命数に縛《しば》られて、一生を送るのです。あなたは二十年来、その孔という老人の占いにまどわされているので、取るに足らぬ凡人と申したのです。》

ここで、袁了凡は、肝心のことを問います。

「人間は運命から逃れることができるのですか？」

雲谷禅師の答えは「できる」というものです。善行を重ねることだといいます。

《悪を去って善に移ることは、手の裏をかえすよりもたやすいことです。これから勇猛《ゆうもう》の心をはげまして、つとめて善を積み、つとめて心を広くもち、怒りの気持ちを押さえて、天地慈愛《てんちじあい》の心を起こし、精神を養うことです。

あなたは、ただいまより、これまでの志を一から改めたのだから、今日生まれたようなものです。これによって、今までとらわれていた天が定めた運命は、みんなことごとく崩れてなくなります。

これがすなわち、道徳《どうとく》（人のおこなうべき正しい道）の再生ということになります。

道徳を実践することは、人間であれば必ずよく天の心に貫きとおるものです。あなたは生まれ変わった身で法を押しすすめ、善事をつとめておこない、多く陰徳を積んだならば、天より新たに幸福の相を与えられるにちがいありません。》

うまくいく、いかないの「鍵」は見つかったか？

袁了凡は、雲谷禅師の話を聞いて、生まれながらの盲人がはじめて眼を開いて、太陽や月を拝むようにありがたく思い、まず第一に、科挙の試験に合格することを祈って、善事三千回の修行をすると誓いを立てます。

これに雲谷禅師は大いに喜び、「功過格《こうかかく》」という帳面を差し出します。

《今より以後、あなたは日々善いことをおこなったら、この帳面に必ず記帳することです。もし仮に思いがけず悪いことをすることがあれば、善と悪をつきあわせて、たとえば善が三つ、悪が二つあるならば、三つの善のうち二つは捨てて、一善を記帳することです。

それを実行すれば、善行が三千回に満たないうちに、あなたの願うことは必ず成就するでしょう》

善を積み重ねることを「積善《せきぜん》」といいますが、袁了凡も妻も、ともに積善に努めます。

袁了凡は、翌年、都の試験で、孔老人の占いでは3番目といわれていた成績が、1番で合格します。また、善行に励むことで、占いでは子どもには恵まれないと出ていましたが、長男（天啓《てんけい》）も生まれます。

進士の試験にも合格し、県の知事に出世、さらに高い位に抜擢された袁了凡は、官職を辞したあとは、貧しい人々への施《ほどこ》しを続けながら、道教学者の第一人者として著述や教育に携わりました。

また、**占いでは53歳で亡くなるといわれていましたが、74歳まで長生きしました。**

善行を積むことで、袁了凡は運命を変えたわけです。

つまり、悪い行いはせず、善い行いを続けることが、運命を変える「鍵」だったのです。

長らく考えてきた、「うまくいく、いかない」を左右する原因となるものに、はじめて私は出合ったと思いました。

しかし、この結論には、いまひとつ私を納得させないものがありました。

たしかに、善行を積むことは他人のため、世のためになり、自分でもすがすがしいものです。だれもこれを否定できません。また、善行が幸せに向かう鍵であることは疑いのないところでしょう。これについては、私もそのとおりだと思います。

ただ、その理由が漠然としています。なぜ、善行は運命を変えるのか、という理由です。前出の書によれば、天が判定し、天が運命を変えてくれるというのです。天が最終判定者ですから、その理由を詮索する意味がないということです。

いかにも東洋的なものの考え方で、結論だけがポンと出されています。

なぜ、という視点がなく、プロセスが判然としません。善行をなす、という地点から、運命が変わる、という到達点までのプロセスがないのです。

このところが、私に少しばかりの不満を残したのでした。

運命を変えるプロセスと鍵のありかは？

もう少し私を納得させてくれる考え方はないだろうか、と思っていましたが、あるとき知り合いの編集者が、「こういう有名な言葉がありますよ。マザー・テレサがつくったといわれているものですが」といって、1枚の紙片を渡してくれました。

それが、本書の冒頭に掲げている箴言《しんげん》です。私も2度や3度は、目にしたものでした。

しかし、このとき私は、新鮮な気持ちで、あらためて読み直したのです。


思考に気をつけなさい、それはいつか言葉になるから。

言葉に気をつけなさい、それはいつか行動になるから。

行動に気をつけなさい、それはいつか習慣になるから。

習慣に気をつけなさい、それはいつか性格になるから。

性格に気をつけなさい、それはいつか運命になるから。


ゆっくりと読み直すうちに〝これだ〟と思いました。

運命を変える方法が、ここに示されていたのです。

スタートは思考です。思考は言葉となり、言葉は行動となり、行動は習慣となり、習慣は性格となり、それはやがて運命につながるのです。

ただ、注意しなくてはならない、重要なことがあります。

それは、一見すると、思考と、その後の言葉、行動、習慣、性格は、別物であり、それそれが並列のように見えますが、すべてを貫く軸に「思考」があります。思考は、その後の現れ方のいずれとも密接にかかわっているということです。

思考と、その現れ方は、表裏一体なのです。

私は、マザー・テレサのこの箴言は、運命を変えるプロセスを教えるとともに、運命転換の鍵のありかを指し示すものであると考えました。

つまり、**うまくいく、いかないを左右する、もっとも根源の力は「思考」にあるのです。**

ここがすべての始まりなのです。**運命を変えたければ「思考」を変えなさい、とマザー・テレサはいっているのです。**

もう一度、いいます。言葉、行動、習慣、性格、いずれの現れ方であっても、そのとき、その人の左手は「思考」に、右手は「運命」につながっています。

現れ方を変えれば、思考が変わり、運命も変わるのです。

私は、気持ちを新たにして、思考から性格まで、年収が億を超えるメンターと、そこまでいたっていない人たちを思い浮かべて整理しました。

その整理したものが、この後の5つの章です。

各章は、編集者や、セミナーの受講生の疑問に答える形で、展開していきましょう。

第1章

幸福になる「思考」を持ちなさい。やがてそれは

人間は、その身に降りかかる出来事より、それをどう受け止めるかによって傷つくことが多い。

――ミシェル・ド・モンテーニュ

思考は行動、環境、及び、人が体験する他のあらゆる現象の源である。

――ジェームズ・アレン

すべては原因、結果の法則によります。運命論者という運・不運は、あなたの思考や行動と無縁ではありません。

――ジョセフ・マーフィー

思考には気をつけよう。いつ口に出してしまうかわからないから。

――イアラ・ガッセン

運命を変えるから。

セミナーの女性受講生からいわれました。
「思考とは、考えるということですよね？
私も息を吸うように考えごとをしていますが、
このような日常の平凡なことが大切だなんて、
これまでに考えたこともありませんでした。
思考には、どんな力があるんですか？」
あまりにも身近すぎて、思考の重要性が、
わからなくなっているのかもしれません。

思考 *Thought*

人類の最も偉大な思考は、意思をパンに変えるということである。

——ドストエフスキー

思考は矢のように放たれたら的を射る。注意しないと、自分の放った矢でたおれることになる。

——ナバホの格言

ほとんどの人々は他の人々である。彼らの思考は誰かの意見、彼らの人生は模倣、そして彼らの情熱は引用である。

——オスカー・ワイルド

思考が人間の偉大さをなす。

——パスカル

なぜ思考は重要なのですか？

私たちは四六時中、何かを考えていますが、これは人間のみが持つ優れた特性です。

さまざまな思いが浮かんだり消えたりして、そのほとんどはすぐに忘れてしまうたぐいのものですが、ときにはたったひとつのことが気になって、夜も眠れなくなることがあるでしょう。

そんなときは思考の迷路に落ち込んだようで、どうにもならないものです。

思考というものは、いつも身近にあります。

私たちの生活も、さらに人生そのものも、この思考の世界で営まれているといっていいでしょう。

でもそれだけに、この人間だけが持つ特性は、気をつけないと厄介な結末を招きます。

生きるうえで切っても切れない関係にある、この思考という行為が、マザー・テレサがいうように、私たちの運命を決定づけてしまうことになるからです。

なぜ、そんなことになるのでしょうか。

それは、日常の思考の流れがとりとめのないように見えて、実は生きていく時間の中で、人それぞれ特有の性格や傾向を持つためです。

ある人は明るい面を見る「幸せになる思考」なのに対して、ある人は暗い面ばかり見る「不幸をまねく思考」を持つように、です。

私たちは、自分でそのどちらをも選択することができるのです。


かつて、地下鉄駅構内にサリンをまくなどした、カルト教団の犯罪が世間を震撼させましたが、あれはまさに不幸をまねく思考、マイナスに向いた思考です。

知能の高い高学歴者が、彼らとしては命懸けで取り組んだことでしたが、それは社会を敵とした大量殺人計画だったわけで「マイナス思考」の怖さの典型です。

あれほどのマイナス思考には、自分は絶対にならない、と思うのがふつうの人間の感覚に違いありません。

でも、何気ない日常生活で、人生や仕事、運命までもを結果的にマイナスにしてしまっている思考を、私たちは「ふつうに」しているものです。

あなたの人生も、運命も、あなたの思考の結果だ。不幸を招いている思考を手放し、幸福になる思考を意識しよう。

正しい思考を手に入れるかどうかで、
運命は悪い方向にも、その反対にもなる。
世の中はいたってシンプルなのだ。

思考を変えると、どんな変化がありますか？

失敗したことを思い出しては、くよくよしたり、ため息をついている人がいます。過去にとらわれている、といっていいでしょう。実に無駄なエネルギーを使っているとしかいいようがありませんが、これだけは覚えておいてください。

そのマイナスの思いは、どんなことであれ、一目散に「現実」に向かって走り出します。もしマイナスに向いた思考を持っているなら、あなたは不幸せな人間になるでしょうし、もしプラスに向いた思考を持っているなら、あなたは幸せな人間になるでしょう。

幸せになることも、不幸せになることも、実は単純なのです。

私の周囲で見かける、あるいは私がこれまでに経験したマイナスの結果をまねく思考はほかにもあります。

目の前のノルマを達成したい、といった目標達成だけに心が向かう目標思考。いますぐお金を稼ぎたい、すぐに成功する方法を知りたいといった手段だけに心が向かう手段思考。

これらははっきりいって間違っている思考です。結果的に損をして不幸になる思考です。180度、くるりと逆方向に方向転換しなければなりません。

マイナス思考の人は、前向きなプラス思考に。自分を苦しめるだけの目標思考や狭い考え方の手段思考は、「何のためにそれをやるのか」といった目的思考に変えることです。

思考が変わることで、よいことがどんどん現れてきますが、もっとも大きなメリットは「視野が広がる」ということです。

マイナス思考でも、数字に追いかけられるだけの目標思考でも、あるいは手段や目の前の客だけに心が占められた手段思考でも、背景には視野の狭さという問題があります。

この視野を大きく広げることが、まずは運命を変える第一歩なのです。

視野を広げる中で、はじめて「自分の視点」というものを得ることができるからです。

人は生まれながらに自分の視点を持っているように考えていますが、狭い視野の人には自分の視点を持つ余裕がありません。

前のめりの姿勢で生活し、ものごとを考えていますから、自分の世界観で「主体的に」考えることができていないのです。

私がベストセラーとなった処女作『年収1億円思考』（経済界）を世に出すにあたってエリエス・ブック・コンサルティングで修行していたとき、代表の土井英司さんが漏らした言葉を覚えています。

「ベストセラーを出せる人は、自分だけのフィルターを持っている」

フィルターとは、自分だけのレンズ、視点のことです。

土井さんは、私の良さは「稼げる、稼げない」といった極端な「格差」のフィルターでものを見ていることだと指摘してくれました。

世界でシリーズ700万部を売っている『人生がときめく片づけの魔法』（サンマーク出版）の近藤麻理恵さんも、エリエス・ブック・コンサルティングで机を並べた仲間ですが、彼女は「心がときめくか、ときめかないか」というフィルターをとおして、片づけにアプローチして成功しました。

また、私の講座生で、三浦洋子さんという女性がいます。

現在46歳で、一時は7つの会社を経営していました。いまはそのうちの3社を直に経営して、ほかは別の人に任せてそちらからも定期的に収入が入る仕組みをつくっています。

「自分にしかできないような、ワクワクする仕事しかしません」

このように語りますが、彼女はいま、幸せな経営者人生を送っています。

この三浦さんのフィルターは「助け合うこと」です。

三浦さんの家族は、カフェを経営した祖父の代から自営業者で、父親も車関係の会社を経営していましたが、その祖父に子どものときから、

「家族も会社も助け合わないと、決してよくならない」

と教えられて育ちました。

これが三浦さんの「思考の前提」になりました。

「弱い人を助けないと、強くなれない。家も会社も、ダメになる」という考えですから、三浦さんは祖母が亡くなるまで、家族みんなで介護もして、会社の仲間たちを大切にする経営を続けています。

このために、役員も辞める人が出ないほどで、家族経営で成功しています。

フィルターといっても難しく考えることはありません。

たとえばフィルターのある人というのは、繁盛店の特質はこういうものだと、自分なりの判断基準を持っているものです。

自分の視点を持つことは、主体的に世界を見て、主体的に世界とかかわること。

それが思考を変えて、視野を広くした結果、獲得できる大きなメリットです。

あなたはいま、他人の人生をなぞって生きていませんか。一度、自分に問いかけてみてください。主体的に生きられたら、生きるのがいまよりもラクになるはずです。

自分で考え、自分で決める。
他人に頼るのではなく、
もっと自分を頼ってみないか。

これはあなたの人生であり運命だ。

何者の人生でも運命でもないのだ。

いまから自分の人生を生きると決めるのだ。

なぜポジティブ思考はよいのですか？

思考の中で、何がいちばん重要だと思いますか。

私がいちばん大切にしている思考、それはポジティブ思考（プラス思考）です。

いつも前向きな、そして積極的な、つねにものごとを肯定的に捉える、そういう思考です。あらゆることのプラス面、明るさ、成長などに目を向ける思考です。

その反対はといえば、ネガティブ思考（マイナス思考）です。つねに後向き、消極的、否定的、ものごとを悪いほうにばかり考えてしまいます。

もちろん人間ですから、仕事や人間関係、健康のことなど、いやなことがあったときは気分が暗く落ち込んでしまうこともあるでしょう。

でも、いやなことというのは、だれの身にも起こるものです。それを悲しむばかりの人がいる一方で、その問題をどうにかしようと努力をする人もいるのです。

この両者の思考は何が違うのか。私は湧き出る「エネルギーの量」だと思います。

売れない営業マンを見ていると多くがネガティブ思考で、アポを何度か断られると電話ができなくなります。電話をしても「また断られるんじゃないか」と思い込む。そして手が止まってしまう。この状況を突き破るエネルギーが、このとき湧いてこないのです。

ポジティブ思考ならばこうしたときでも、「次こそは大丈夫」と信じて電話のプッシュボタンを押しているわけです。

だから、ポジティブ思考のほうがよい、ということがいわれるのですが、問題は、このエネルギー量の差が、どこに由来しているのかということです。

これは、ポジティブ思考とネガティブ思考の本質的な違いにあります。考え方の本質において、前者にはエネルギーを湧き立たせる基盤があり、後者にはそれがないのです。

この違いは、思考の「順」と「逆」の違いであると考えています。

私たちは「おぎゃあ」と叫んで生まれてから、いっときも休むことなく成長し続けます。赤ん坊から子どもへ、子どもから若者へ、若者から大人へ…。遺伝子の命じるとおりに、一瞬の休憩もなく成長し続けます。

老年になれば体力は衰えますが、肝心の脳の細胞は増殖を繰り返していることが、最近の研究で明らかになっています。この成長の流れが、文字で表せば「順」です。

漢和辞典を開けばわかりますが、「順」は「川＋頁」の会意文字（意味を合わせて創られた文字）です。**頁は顔を意味し、ひとつのルートに沿って水が流れるように、顔を前に向けて進むこと。これが「順」の文字が意味する世界です。**

まっすぐに前を向き、水のように滑らかに進む――これが成長する姿と重ね合わさるのです。両方とも矢印がまっすぐに前を向いています。

この成長する力は、たいへんに強いものです。鉢植えのような小さな場に植えられた小さな草木も、知らぬ間に育ちます。その成長をどんなに力の強い者が手のひらでおさえて成長させまいとしても、草木は知らん顔して成長するでしょう。ものすごい力です。

自分の可能性を疑わず、もっと自分を信じてみよう。

ポジティブ思考のパワーは、自然の力強さと重なる。

どうすれば
ポジティブ思考になれますか？

人間でも植物でも、成長する力というものは強いものです。

この成長する流れ、成長する力に添い、従うことが、すなわち「順」であり、その思考がポジティブ思考です。

私たちが生きていくうえで、まさに「自然な」思考がポジティブ思考なのです。

つねに前向きで、積極的で、肯定的である、ということは、生物としての私たちの成長する世界そのものです。

遺伝子に組み込まれた思考であり、だから「無理がない」のです。

成長する流れに従う自然体ですから、エネルギーが湧いてくるのはあたりまえです。

一方のネガティブ思考はその真逆で、まさに「逆」の字があてられます。

「逆」の字を漢和辞典で見ると「大の字型の人をさかさまにしたさま」とあり、「さかさまの方向に進むこと」といいます。

私たち人間の成長に話を合わせて考えると、成長することが自然であるとすると、これに逆らう思考です。**成長に「爪《つめ》を立てる」思考です。**

一方が自然の理に合った思考、一方がそれに逆らう思考だとすれば、私たちが採るべき思考がどちらかは明白です。ポジティブ思考しかないのです。

では、どうしたら、このポジティブ思考を得ることができるのでしょうか。

それは、「人間はあくまで成長するために生まれてきたのだ」という事実を、よく噛《か》みしめることだと思います。この、私たちの生き方や考え方の基盤となる自然の理を十分に理解しないと、ポジティブ思考の本質をつかむことができないでしょう。

そして、ポジティブ思考と似ているのが、楽観主義です。オプティミズムの訳語で、反対語はペシミズム（悲観主義）です。

ボトルに半分残った水を見て「まだ半分もある」と考えるのか、「もう半分しかない」と考えるのか、ということがよくいわれます。

たとえば、お客様の保険契約をもう一件決めないと一番になれない、ノルマが達成できないというとき、「ああ、ダメだ」とあきらめるか、「いや、ここでもう一度」とあきらめないか。あきらめない人が楽観主義です。

つまり、**危機に陥ったときにどう考えるか**、ということです。

楽観主義の人は柔軟性がありますから、

「まだやれる方法がある。こんなやり方があるんじゃないか」

と、あきらめずに考えをめぐらし、さまざまな問題を乗り切ることができます。

なんとかなると思う人には、知恵が湧いて出ます。知恵が出るというのは、いろいろと調べるとか、人に聞くとかの方法が考えつくことです。

成功の反対は失敗ではなく、「あきらめること」といいます。

困難から逃げるのは簡単ですが、自分の考え方を変えることで、その困難さえも自分の成長に変え、運命さえも転換していくことができます。

だから、あきらめずに行動することは、成功のための第一歩なのです。

私はサラリーマン時代、明日のセミナーにどうしても目標人数が5人足りないとなったとき、ひと晩に5軒、6軒のバーやスナックを回ったものでした。

そうしてママさんにチラシを渡して協力してほしいとお願いしました。結果的にひと晩飲み回って、セミナーにはママさんからホステスまで15人が参加してくれたものです。

楽観主義で乗り越えていく人は幅が広い人になりますし、人生が広がっていきます。自分に解決できない問題は起こりません。問題が起こったかぎりは「解決できる問題」だということ。自分の可能性を簡単に否定しないことです。

危機に直面したときこそ、
「なんとかなる」と考えよう。
あきらめなければ、
どんな壁だって乗り越えられる。

目の前のことだけでなく、
少し遠い先の自分を考える。
きっと明るい運命が開かれるはずだから。

なぜ目標を持つと疲れるのですか？

だれもが、自分の人生を主体的に生きている、と考えていることでしょう。

ところが、何のために働いているのですか。何のために毎月お金を貯めているのですか。何のために生きているのですか、と問われたら、あなたは自信を持って答えられますか。

生きる目的を考えることは、「自分の幸せは何か」を考えることでもあります。

でも、生きる目的を持たずに、目標ばかりを追いかける人が、なんと多いことでしょう。

目の前の目標にひたすら向かって走る。きれいな言葉ですが、実際の人生では、まったくの逆です。私のサラリーマン人生がそれを体現していました。

私がこのことに気づいたのは、独立したあとにメンターからの厳しい指摘をいただいてからです。それまでは目の前の数字にばかり目が行き、右往左往していたのです。

私は、地方大学を出て大手損保に入社し、のちに外資系保険会社に移って、代理店支援営業において新規開拓分野で全国1位を4回受賞しました。

最短・最年少でマネージャー昇格も果たしました。こうした外側の履歴からすれば、順調だったといっても間違いではないと思います。でも内実は、過酷なものだったのです。

東大や慶大の多い大手金融機関の中で、地方大学の人間が上に行くには、実績を示すしかない。そう覚悟していた入社直後、半年で生まれ故郷の熊本支店に転勤しました。

配属されたのは営業1課で、いきなり課長補佐です。その部署には、フルコミッションの営業部隊が40人くらいいました。私の仕事はその営業サポートです。

損保の営業サポートは、営業部隊や代理店からのさまざまな注文に応えなくてはなりません。東京で聞いた話では、「いや、ラクな仕事だよ、代理店の社長と食事して、お酒を飲んでコミュニケーションをよくしていればいいんだ」とのことでしたが、とんでもない話で、実際はまったくの正反対でした。

ひっきりなしに電話がかかってきて、申込書の作成から事故処理、そのほかあれやこれや、多忙きわまる毎日。支社は不夜城のごとく、いつまでも明かりがついていました。独身寮に住んでいましたが、毎晩11時、12時まで寮に帰ってくる人はいませんでした。

そのうえ取引先とのつき合いでクリスマスケーキを買ったり、羽根布団を購入したり、ときには車まで買う羽目になったり。ここまでやらなくてはいけないのかと、天を仰いで暗然、嘆息《たんそく》したものです。

さいわい2年目に上司に相談して、代理店開拓の仕事に変えてもらいました。この方はのちに、私たち夫婦の仲人になってくれた人ですが、多くの人脈を紹介してくれました。おかげで、この年にはたちまち15店もの代理店を開拓できたうえ、これらの代理店の売上がその年の支店トップになったのです。

このあと、全国一の成績を目指そうと決めました。上司に相談すると、

「それなら、銀行営業して大口を取るしかない」

といわれ、その部署に回してもらいました。銀行は多くの企業と取引していますから、銀行をとおして、関係する企業に営業をかけることができるのです。

私は毎朝早く、各銀行に顔を出し、「どこかに同行させてください」と関係部署を回ったものでした。このときに、私の姿が、ある銀行の副頭取の目にとまりました。

夜間大学を出て副頭取まで上った伝説的な人物でしたが、役員室に呼びこまれて事情を聴かれ、どうやら熱心さが見込まれて、支店長を紹介してくれたり、県会議員に引き合わせてくれたりしました。またゴルフを通じて、熊本県内でトップの地銀の副頭取や日本を代表する大銀行の支店長などの知己を得ました。

こうして、おかげさまで、念願の全国一の売上を実現することができたのです。

さて、ここまでが私のサラリーマン時代の話ですが、現在の私と決定的に異なることがあります。

それは、**この当時、表面上の華やかさとは大きく異なって、折々の状況につねに「流されていた」**ということです。数字ばかり追いかける「目標思考」一色で、心にまったくの余裕もなく、精神的にもいつも追いつめられた状況でした。

自分を追いつめ、苦しめるだけの目標思考からいますぐ脱皮しよう。

数字に縛られるだけの毎日はすぐにやめるべきだ。
さもなくば運命は変えられない。

「主体的に生きる」とは、どういうことですか？

このころ、支店でトップの売上を取るためには、600億円超を実現しなくてはなりませんでしたが、新規取引先ならその3分の1、つまり200億円超でよいことになります。これは1年の売上です。上司からは、これを12か月で完遂の目標ではだめだとコツを教わりました。**ぎりぎりでなく、前倒しの10か月で設定しなさい、と。**

そこで200億円を10か月で割って、各月20億円という目標にしました。

さらに各月の設定も、30日で目標達成ではなく、10日の余裕をもって、20日に設定します。1日平均1億円です。この目標完遂のための前倒し設定は、いまでもおこなっていますが、これを実行するためには毎日が戦争です。

もともと営業の現場は厳しい雰囲気で、夜9時ごろに営業から帰ると上司が待っていて、お説教です。その日の成果を聞いて、

「何をやっているんだ、月末まで、あと3日しかないぞ」

成績の思わしくないものにとって、この説教はまさに地獄の責め苦です。

私も、毎日、追い詰められた心境で、朝は4時に出社して、独りでロープレなどのセールスの練習をしていましたが、月末になっても目標に達しそうもないときなどは、悪夢を連続して見たものですし、同期ではノイローゼになってうわごとをいったり、ついには会社を辞めた人間も幾人かいました。

そうしたなかで、前述のとおり新規開拓に的を絞った私は、上司の応援もあって、なんとか1位の成績を達成したのでしたが、その直後のある会議でのことです。

何かのはずみでしょう、

「トップになったのは、君が熊本出身だからだ」

と、別の課の課長がケチをつけました。

地元だから有利だというい いがかりです。で、売り言葉に買い言葉で、

「それなら、次は全国一になりましょう。全国一なら地元は関係ありませんからね」

私は大見得を切ってしまいました。

この大きな目標も、前述のような銀行副頭取の応援を得てクリアしました。

その後、私は外資系保険会社に移り、引き続き代理店支援営業で大きな成果を上げたの

ですが、日常生活は相も変わらず、ひたすら目標という赤い布に向かって突進する「闘牛」スタイル。何の変わりもありません。目標思考、セールス思考一色です。

くる日もくる日も、目標の数字だけを追いかけています。目の前にあるのは、乾いた赤い布、非情な「数字」のみです。

正直にいえば、毎日、苦しい、死にたい、会社を辞めたい、とそればかり思って生きていました。締切の月末が近づくにつれて、その気持ちは大きくなっていました。

サラリーマンから独立したころの私の姿をよく知っている人間がいますが、その人が、「あのころは肩を落として歩いていた。10年近く前だけど、いまより老けていました」というほどです。

ほかと比較して抜群の好成績なのに、なぜ？　と疑われるかもしれませんが、目標だけが目の前にある生活の、それが実相なのです。

目標を掲げ、それを達成していくことは重要です。ただ、それだけの生活は、人を疲れさせます。際限のない、蟻地獄に足を踏み入れたと同じだからです。

目標を超えたら、また次の目標が待ち構えています。

その目標が達成されれば、それまでの苦労や努力はたちまち過去のものとなり、新たな目標の達成に向かって走っていかなければなりません。

こうした「目標を軸とした生活」は、サラリーマン生活を辞め、独立してからも大した差はありませんでした。とにかく重い疲労感を抱えながら、それを忘れ去ろうとするように、毎日、仕事に駆け回っていました。

この病根を一発でえぐり出し、別の生き方を指示してくれたのが一人のメンターです。

独立して間もないときのことです。

目標を追いかけるつらさを語ったところ、こう聞かれたのでした。

「君の会社の将来像は、どんなイメージ？　どんな会社にしたいの？　君の働く目的、生きる目的は何なの？　人生の夢は？」

一瞬、胸をぐさりと刺された思いになりました。

どんな会社に？　仕事の目的？　生きる目的？　そんなことは、これまでに一度も考えたことのないものだったたからです。答える言葉も浮かばないまま、呆然としていると、

「だから、疲れるんだよ」と続けました。

「君には保険を売るスキルはあるかもしれないけど、何のためにそれをしているかということがはっきりしていない。

目的も、会社の夢も、人生の夢もない。それは疲れるだろう」

目標思考から脱皮して、目的思考に行け、という貴重な指摘をいただいた瞬間でした。

人生に変化を起こすために、目的から考えるクセをつけよう。「何のために」とつねに自分に問うことだ。

ゴールもわからないまま「とにかく走れ」とムチを振るわれる生活から運命が変わることはない。

なぜ私たちは「目的思考」を持てないのですか？

目から鱗《うろこ》が落ちる、という言葉があります。

指摘されるまで考えもしなかった私がおろかなのですが、それまでの私には目標を達成することだけに心が向き、その目標をクリアしていった先の、目的やら夢などというものが、まったくありませんでした。

いわば私の思考は、目標思考だけであって「目的思考」がなかったわけです。

「会社としての目的、使命感、将来のイメージがないと、セールスマンとしてはともかく、経営者としては絶対に成功しないぞ」

メンターからは、念を押すようにいわれたものです。

その指摘は強烈でした。私はすぐに、経営関連の本を何冊か抱いてホテルにこもり、また、自分が何のために独立して会社を興したのかを、考え続けました。

ここから生まれたのが、私の会社の「縁を絆に変えて共に成長する」という企業理念です。信じられないかもしれませんが、その後の変化は劇的でした。

日常の仕事の先に、それらを包み込む大きな企業目的があるという意識、その目的のために毎日の仕事があるという思いは、私に想像以上の「自己肯定感」をもたらしたのです。

ビジネスパーソンの多くは、当時の私と同様の目標思考ばかりがあって、目的思考がないのではないでしょうか。日常的に作業をこなす、目標を達成することだけで精一杯。そこで得た成果や成長さえも、どこにつながっているのかもわからないという状態でしょう。

これは、ある意味、やむを得ないことかも知れません。

日本の長い学校生活では、生徒や学生に主体的に「目的」を考えなくともよいようにできています。入試や就職など、学校や社会が、彼らの知らないところでつくあげた目的を、まるで自分が考えたもののように設定しているからです。

問題なのは、そうした受け身の生き方を十何年にもわたって続けるために、多くの人が主体的に「目的を考える」習慣を身につけないことです。

さらに、学校を出て社会人になっても、主体的に目的を考える必要はまずありません。

年間計画やら売上目標やら日常的な作業やら、闘牛たちががむしゃらに突き進むための赤い布は、いつでも上から降りてきて、いきおいよく振られるからです。

こうして、私たちの頭を領してしまうのは「目標」であり、その目標を達成するための「手段」ということになるのです。

いちばんに考えるべきことは「目的」なのに、一足飛びで「目標」を、あるいは「手段」を考えてしまいがちです。私たちが目的をないがしろにして、手段ばかりを追い求めてしまうのは、この背景があるためです。

けれども、**「目的」を忘れて、手っとり早くノウハウ本を読んで「手段」ばかり勉強してみたところで、成果が得られるわけがないのです。**

ある雑誌の記者が、私のところにきて、開口一番、

「いま、どのようにしてお金を貯めたらよいでしょうか。貯めるコツや、お金が増える運用のコツを教えてください」

といったことがあります。彼に、

「何のために、お金を貯めるのですか？」

反問すると、その記者は答えられません。

これではダメです。お金を増やすことばかりに心が向き、「いかにやるか」という手段思考ばかりのＦＰが増えているからでしょうが、この「どんな目的で」「何のためにお金

を貯めるのか」という視点こそが、もっとも重要なのです。

お金は道具です。つまり「お金は目的ではなく、目的あってこその手段」なのです。

たとえば、ビジネスパーソンであれば、これは何のための行動なのか、何のためにその人に会うのか、何のためにここに投資するのか、といった思考です。

この、何のために、どんな目的で、というのは、すなわち「どう生きていくか」ということとも深く結びついています。あなた自身の生き方の問題なのです。

そのためには、独りの時間をつくって、やはり自分の心に聞いてみることです。

目先の手段を捨て、大きな目的を持とう。「どんな運命にしたいのか」と思考するのだ。

私たちは単純な手段ばかりを求め、それに満足しているものだ。

なぜ夢を持つと運がよくなるのですか？

目的思考とは、すべてを目的から考えることです。

まず目的があって、あらゆることが始まります。すべて目的からの逆算で決まります。

つまり、何ごとにも、目的のないスタートということはあり得ないのです。

あらゆることにおいて、まずはたどり着くべき目的（何のために）を考え、そのための目標（どうやって）を立てていくのです。目的を考えるか、まったく考えないかによって、実は私たちは、天と地ほども異なる世界に身を置くことになります。


能動的に目的など考えず、つねに受け身で生きていくスタイルを、私はボトムアップ型といっています。

「底（ボトム）」から、与えられたものを積み上げていくスタイルで、いわば虫の目で近視眼的に世界をとらえ、「他人まかせ」で歩く生き方です。

人から与えられたことだけをしている人たちが、これにあたります。そのような人には「会社や上司に命じられてやっている」という「やらされ感」がいっぱいです。

ある意味では自分で考えなくともいいわけですから、楽で安心な生き方ともいえますが、実際にはそうではありません。

あれをやれ、これをやれ、すべて報告せよ、などと指示どおりに動く人生ですから、忙しく、やらされ感で、徐々に「心を亡《な》くして」いきます。

一方で、目的思考で動くスタイルは、逆算型、トップダウン型の生き方と呼んでもいいと思います。トップダウンですから、鳥の目で広く世界をとらえ、日々、やらなくてはならないこと、やるべきことを、目的という高いところからの至上命題から発して、自分の行動に落とし込む生き方です。

実際、ビジョン経営をおこなっている経営者やうまくいっている事業家、自信に満ちているように見える人は、無意識のうちにこの作業をおこなっています。

また、日々の行動やさまざまな決定が、すべて目的という最終の地点との照合によってなされていますから、主体的に決定していく爽快感や間違っていないという「自己肯定感」が生まれるのです。これは非常に大きな利点です。

この爽快感や自己肯定感があるために、たとえ目の回るほどの忙しさの中でも、自信や楽しさが湧き上がってきます。これが運を上げる好循環を生むのです。

つまり、これと反対の、自分の行動や決定権を他人に委ねるような生き方は、自己肯定感が損なわれ、運が落ちるということです。

ところで、目的と目標は、しばしば混同されますが、両者はまったく違うものですから、その違いについて明確にしておきます。

「目的」とは、目指すべき価値観です。

企業であれば、こういう企業にしたいという到達点や将来のイメージ。個人であれば、こういう人間になりたいという理想や夢です。

目的はこのような性格のものですから、すぐに実現できるものではありません。これを実現するために「目標」があるのです。

一つひとつクリアしていくべき目標は、たいてい数値で表されます。

この目標を計画的に達成していくために、目的から逆算した目標の達成期間、手段、日々の行動があるのです。

ですから、目的を基盤においた目標、日々の活動との関係は、目的から逆算して、それに到達するために必要な目標、手段、期限を設定し、日々の行動に具体的に落とし込む、ということになるでしょう。

要は、目標や手段にとらわれず「どんな人間になりたいか」を行動規範にすることです。

「こういう人間になりたい」と
自分をずっと高みにイメージしよう。
目標や手段を考えるのはそれからだ。

他人任せの人生は自己肯定感を失くすだけ。
たった一度の人生なのだから、
思い切り生きて、燃焼したいものだ。

なぜ「与える人」がうまくいくのですか？

自己肯定感の低い人が少なくありません。過去の失敗にいつまでもとらわれて、自分に自信が持てない、そうして自分には価値がないと考えてしまう。

でも、**自分にできることは何もない、自分に価値がないというのは、ある意味、傲慢というものです。**

そこには「自分」視点しかなく、「他者」視点が、何もないからです。

ビジネスで考えれば、わかりやすいでしょう。松下幸之助さんや孫正義さん、スティーブ・ジョブスなど、起業で大成功した人たちというのは、人々にもっと役立つには、どんな商品やサービスを世に出したらよいのか、と一所懸命に考えた人です。

つまり、「人に与える」という思考です。

この思考で、行動したり、人に接したりしていないから、運命を変えられないのです。

自分のことばかり考えるのをやめれば、自然に自己肯定感も高まります。

特に私たち士業では、どれだけお客様の役に立つか、そうして勝たせるかが勝負です。どこからお金をもらっているかといえばお客様ですから、お客様の景気がこちらの浮沈に、直接かかわってきます。仕事というのは、本来、こういうことです。

このお役立ちというのは、簡単なことなのですが、なかなか実行できる人はいません。でも、難しく考えることはないのです。まずは、だれかの役に立とう、と心がけてみてください。そう考えるだけで対象はいくらでも見つかるはずです。

たとえば、お客様にかぎらず、上司や先輩が「こうしてもらうと助かるが」と思っていることを察知して、すぐにやってあげる。

営業が得意な先輩の机を見ると書類がたまっている。先輩は事務処理が苦手なんだとわかったら「書類の整理、お手伝いしましょうか」と申し入れてみる。これでいいのです。

営業では、アポを取って会うことが重要なのですが、このアポ取りができない人が多いようです。そういう人にアドバイスするとき、「お役立ち思考」について話します。

というのは、セールスでは、どうしても商品を売ろうという気持ちが先立ちます。商品を売る、つまりお金をもらおうという気持ちです。

この気持ちになると、

「売れないんじゃないか。売れなかったらどうしよう」

ネガティブ思考が頭をもたげてきます。

人間は、だれだって簡単には他人にお金をあげないからです。

その結果、アポ取りの電話をかけられない状態に陥ります。

何よりも「売ろう」というセールス思考が先に立って、気持ちが硬直してしまうのです。

だから、私たちの世界では保険が商品ですが、保険を「売ろう」と考えないほうがよいのです。

売りたいという気持ちは抑えて、お客様によい情報をあげよう、その人の人生を上げてあげよう、という気持ちになれば、電話ができるはずです。

私もサラリーマン時代、朝早く出社し、お客様について想像して、この人に会社としてできることは何か、自分ができることは何かを考えました。そうして資料が必要なら資料を準備して、それから会いに出かけました。

そのためには、日ごろから一人ひとりのお客様について、「困っていることは何か」「どんなことを知りたがっているか」など、こちらでお役立ちできることを綿密に知ろうと努めました。
成績を、数字を追うのではなく、お客様の「気持ち」を追うのです。
最後に、注意していただきたいことは、見返りを期待してはいけないということです。
そんなものは、自分より格上の人にはすべてお見通しですから。

どんどん他人を喜ばせよう。
どんどん他人を勝たせよう。
必ず運命は好転していくから。

松下幸之助さんや孫正義さんなどは、
人の役に立とうとして成功した。
お役に立とうと思えば何でもできるはずだ。

自分のプロフィールとはどういうものですか？

前述の土井さんのもとで出版の勉強をしていたころの話です。

はじめに出された課題は、自分自身のプロフィールをつくることでした。プロフィールをきちんと書けないうちは、本番の「ベストセラー講座」に進めないのです。

このときまで私は、プロフィールというものを誤解していました。それは単なる履歴、略歴だと考えていたのです。

でも、土井さんから指示されたプロフィールは、**「いかに自分がこれまで、他人に貢献したのか、役立ったのか」を書き出しなさい、というもの。他人を喜ばせた経験です。**

私が考えていた履歴は事実の羅列で、時系列に経歴を並べたとしても、そこにはほとんど本人の意思が感じられません。ところが、土井さんのいうプロフィールは、はっきりと、私と社会との間に「役立ち」というキーワードによるつながりができているのです。

うまく書けば、私が「役立ち」について、どう考えているかが、すぐに読み取れる内容となります。それが表現できなければ、課題に合格しないのです。

たとえば、サラリーマンのときに、営業成績で全国1位を何回取ったなどというのは、事実であるけれど、それによって、私が何に貢献したのかが表現できていないため、得点にはなりません。

しかし、年収1億円以上のクライアントを50人以上抱えている、その人たちから運用のためのお金を預かっている、という事実は得点になります。

1億円以上稼いでいるお客さんを自分はサポートしています、ということは、それだけの人の考え方や人生態度、仕事の課題などを理解しようとして、どうしたらお金の運用でお役に立てるかを考えていることを意味するからです。

本にしたときを想定してみましょう。もし私の考える履歴のような発想で本をつくると、私一人の世界だけの話になります。私の営業成績がどうだった、私はこれまでにこれくらい稼いだ、といった内容です。

これでは読者を満足させることはできません。読者が本を読んで、自分を変えたい、変わりたい、と考えているときに、私の狭い経験だけを読んでも勉強にはならないのです。

それよりも50人ものお金持ちに、どのように貢献しているのか、どうおつき合いしているのか、お客様から学んだことは何か、といったことのほうが何倍もためになります。

どちらを読みたくなるかは、いうまでもありません。

こうした読者目線については、このときまで考えたことがありませんでしたので、プロフィール？　自分の経歴を書けばいいんでしょう、くらいに思っていましたが、そのために、一応合格点をもらうまでには、3カ月もかかりました。

この勉強をしながら、あらためてお客様はビジネスにおいて、こちらに「貢献を求めている」のだということを強く認識したものです。

他人を喜ばせた経験は何か。貢献したことをすべて書き出してみよう。

人の役に立ったことが、
あなたのほんとうのプロフィールだ。

なぜ1日何人にも会ってはいけないのですか？

ビジネスで考えると、この貢献思考を実際におこなっていくと、面談するお客様が次第に絞られていきます。

1日に何人もの人に会うということが、事実上、できなくなります。

サラリーマンになりたてのころは、スケジュール帳が真っ黒になるほど、毎日、人と会うようにしていました。

予定がびっしりと詰まっていることに、我ながら満足していたところもあったのです。

ところが、地銀の副頭取に、

「江上君、毎日、何人にも会っていてはだめだよ。**1日に3人以上に会ってはいけない。目の前のお客さんに集中しなさい**」

と教えられたのです。

たしかに、多くの人と会っても、それほどの成果は現れません。

これは考えてみれば当然の話で、目まぐるしく面談を繰り返しても、会う時間は短いし、そのほとんどはセールスの直接的な商品の説明で終わってしまうし、そのために印象はお互いに薄いし、とよい効果は期待できないことばかりです。

たとえ、どんなにお客様に貢献したい、と考えていたにしても（サラリーマンになりたてでは、その認識はありませんでしたが）、成果にはつながらなかったことでしょう。

そこで、1日に会うお客様は2人だけ、と決めました。2人だけ、と限定することによって、ようやく本格的な営業活動が実現できたわけです。

というのは、会うのは2人だけですから、提案資料も詳細になります。

2人の家族構成から趣味嗜好、好きな食べ物も調査できますし、どんなお店で会えば喜ぶかも調べることもできます。

また、売ろうというセールス思考で行くと、多くのお客様に会おうとしますが、お役に立とうというお役立ち思考になれば、おのずとお客様は絞られてきますし、結果的にそのほうが成果は出やすくなります。

さらに、面談の時間も十分に取れますから、次に会うときに、何を提案したら役に立って喜ばれるか、それについても十分にリサーチすることができます。

お客様のために、というのであれば、調べたり、考えたりすることができます。自分のためだけであれば、人間、それほどがんばることができません。お客様のため、社員のため、会社のため、と思えば勉強もします。

サラリーマンの場合は、どうしても、すべて「自分のため」となりがちですが、やはり限界があります。何よりもスケール感が出てきません。

私も独立して、社員を雇って給料を払う立場に立ったときに、サラリーマン時代には自分のことばかり考えていたな、と実感したものです。

メンターの一人にも、「だから君らはうさん臭いんだ」といわれたことがありました。

これは、独立したばかりのときで、雇ったばかりの笠井裕予に5千万円もの借金があることが発覚し、どうしたものかと悩んで、相談したときのことです。

「だから君らのようなコンサルタントやら営業マンというのは、うさん臭いんだ。

商売をするというのは、借金をしたり、従業員を雇ったり、そういうところからスタートするんだ。だが君なんか、サラリーマンをやってきて、いくら1番の成績を取ったといっても、ずっと、給料をもらってばかりで生きてきただろう。

だから、人を雇って、お金を払うことが怖いんだろう。そういうところが、うさん臭いんだよ」

人を雇うというのは、お金を使うという面でも、自分の自由を束縛することにつながりますが、そうした不自由さが重要なのだ、という教えだと解釈しました。

人のために社員のために、自分が存在する、という考えです。

世の中には、自分の自由だけを追求しなさい、といったことをすすめる人がいます。

そういう論説の影響もあるかもしれませんし、時世ということかもしれません。何やら、自分のことばかりを考えることをよしとする風潮があります。

でも、現実にそういう考えで生きている人には、私は何の魅力を感じません。オーラも感じません。

人のためとか、社会のため、という迫力がまったくないからです。

人のため、という思考を、少しでも胸の中に入れておくべきだと思います。

そうして相手のことを考え、それに基づいて行動すれば、必ずあなたのまわりには応援する人たちが現れ、あなただけのファンが生まれます。

これは、どんな時代でも変わることのない、ビジネス、そして人生の真理なのではないでしょうか。

1日に会うのは、2人だけと決めよう。徹底的に、その人について考えるのだ。まずは目の前の人から幸せにしていこう。

相手のことを考え、それに基づいて行動すれば、必ず人気というものが出て、あなたへのファンが生まれる。それこそが長く勝ち続ける秘訣である。

人に与えるものが私にもあるのでしょうか？

人生の正解は、意外なところにあります。

お金を稼ぐという面で考えても、他人のために手を貸す、何かを与えるという考え方は効果的です。

自分がまずお金を稼ぐというよりも、「人に与えなさい、稼がせなさい」と考えるほうが正解なのです。

これにはきちんとした仕組みがあるのですが、「人に与える人」とは、自分の持つ資源を与えて、相手の社会的な価値、人間的な価値を上げてくれる人で、けっして自分中心ではなく、視線がいつも他人に向けられていますから、人に好かれます。

しかも、好かれるだけでなく、その人の恩恵にあずかった人たちから返報がなされます。

返報とは、恩返しといってもいい心理です。

ただ、この返報のルールを説明したとき、必ず返される言葉が、

「私には、人に与える情報も、お金も、何もない」

です。何も持っていないから、他人に施しをすることができないというのです。

そんなとき私は「あなたの持っている資源」をもう一度考えてください、といいます。

私は、**お金、スキル、人脈、時間の4つを重要な資源と考えていますが、お金やスキルといったものがなくとも、自分なりの人脈を使って、他人の悩みや問題の解決のために、だれかにつないであげることも、大きな価値を相手に与えることになります。**


また、時間という資源は、すべての人が平等に持っています。この資源を有効に使う手もあります。

たとえば、時間のかかっている作業に上司が取り組んでいるとき、それを引き受けてしまうのです。そうすれば、上司は厄介な仕事から解放され、自分の時間が増えることになります。相手は喜んでくれるでしょうし、返報の心理も生まれることでしょう。

こうしたことは、そのつもりでまわりを見渡せばたくさんあることに気づくはずです。

これは自分の時間を使うだけで、人の役に立つのです。

ですから、どんな人にも、そしてあなたにも「資源がある」のです。

私の講座生の一人に、いまの仕事をすべて見直し、一から保険業界に挑戦したいと門をたたいた若者がいます。

彼は、講座の準備や雑用を自ら買って出て、ほかの講座生が勉強しやすい環境を、一所懸命につくる努力を続けました。

すると、彼がある保険会社の研修で難題にぶち当たったとき、講師の私も、一緒に学んだ仲間も、彼を懸命に応援し、その難題を乗り越えることができたのでした。

私は彼に、先にほかの人に価値を与えてあげることが、結局は成功の近道であることを、あらためて証明してもらった気がしたものです。

相手のことを考え、その悩み、課題をどうしたら解決できるかを考えていく。こうした姿勢は、一方でその人を大きく成長させていくことに違いありません。

そして最後に、いちばん大事なことをお伝えします。

それは、あなたが誰かの役に立つことをして、その対価としてお金を差し出されたら、「受け取る」ことです。ありがとうございます、といっていただかなくてはなりません。

そうしなければ、あなたは単なる「いい人」で終わってしまい、お金は貯まらないばかりか、ほかのお金も入ってこなくなります。
これもお金の真理です。

あなたにも資源が必ずある。
お金、スキル、人脈、時間を使って、
人に役立てられることを見つけよう。

返報性の法則を発見できれば、
あなたの運命も変わる。

欲のコントロールとは何ですか？

この世でいちばん難しいのは、欲のコントロールでしょう。

たとえばビジネスをしていると、うまくいくときもあれば、うまくいかないときもある。あたりまえのことです。ずっと勝ち続ける人などいない。いまの状態がずっと続くことなどあるわけがないのです。必ず「流れ」が変わるときがやってきます。

勘違いしてほしくないのは、成功者は、例外なくといってもいいほど、欲からスタートして大成したわけですから、欲が悪い、お金儲けが悪いといっているのではありません。

ただ現代では、長期で、もっと長い目で俯瞰《ふかん》するような思考で、ものごとを見ることが重要だと思うのです。いってしまえば、**目先の欲に振りまわされるから運を落とすのです。**

欲に支配されてしまったら、確実に破滅を招きます。私のまわりで成功している人は、欲のコントロールが巧みです。欲に流されないためのハンドルさばきがうまいのです。

美容室「ＥＡＲＴＨ（アース）」を全国展開し、70社ものフランチャイジーが加盟するアースホールディングスの國分利治社長の「決断」で、おもしろいなと思ったのが、この欲のコントロールでした。

これまで本部に納めていた加盟料を、國分社長はあるときに半分近くに引き下げたのです。ふつうの人ならば、現金がどんどん入ってくるから、そんなことはしないでしょうが、國分社長は、

「こんなに儲けすぎてはいけない」

と、すっぱりと値下げしたのです。

國分社長はほかにも、のれん分けするとき、業界の常識では赤字店を譲ることが多いのに対して、創業以来一貫して黒字の店を持たせます。なかなかできることではありません。

また、アパマン創業者の三光ソフランホールディングスの高橋誠一会長も、米屋のネットワークを成功させたあと、不動産業界に進出したのですが、建売の販売で順調に会社を大きくしました。

でも、6年後、社員5人で40戸の建売を売ったとき「待てよ」と考えたというのです。

「なぜ、不動産業を始めたばかりなのに、こんなに儲かるんだ?」

まわりを見ると、中規模から小さな建売業者、みんなが儲かっています。

「こんなこと、どう考えてもおかしい」

高橋会長はためらわず、一瞬の決断で建売業をやめ、注文住宅に切り替えました。社員はずいぶんと戸惑ったようですが、この半年後、第二次石油ショックがやってきて建売住宅がぴたりと売れなくなり、多くの会社が倒産したといいます。

高橋会長の直観力は、やや神がかっていますが、問題は、大儲けしているときに大儲けのネタから手が引けるかどうかです。「勝ちすぎないこと」も運を上げる秘訣なのです。

うまくいっているときほど、一歩引く勇気を持ってみないか。

欲は成功するための武器だが、
それが自分に向かうこともあるのだ。

なぜ「一生の相の下」での思考が大事なのですか？

あなたは「欲」ということを、どんなイメージでとらえていますか？

欲のコントロール、と簡単にいいますが、これは、あなたの目の前にも転がっている無数の常識や固定観念、先入観といったものに流されない、ということです。

まわりの判断に惑わされるのでなく、自分なりの視点をしっかりと持って判断しなくては、欲望をコントロールすることは難しいでしょう。

世界一の投資家で大富豪のウォーレン・バフェットも、若いころに信頼している人が買った株を買おうとして「自分で調べて、買いなさい」と注意されたことがあるといいます。

以来、市場動向や他人の意見につられて、株の売買はしないことを信条にしたとのことですから、完全に自分の主体性にすべての判断をゆだねているのです。

バフェットはまた、

「リスクとは、自分が何をやっているかよくわからないときに起こるものだ」

ともいっていますから、主体性をなくしたときの恐怖も実感しているようです。

人を介しての情報の伝播は、どこかで必ずゆがむものです。主体的に、自分の視点で、いま何が起こっているのかを見て、判断してゆくしかありません。

たとえば不動産はいま、バブル状態にあるといってよい状態です。人は同じ過ちを繰り返すとよくいいますが、かつての不動産バブルが、いま再び進行しているのです。人間の欲、もっと儲けたいという欲と、アベノミクスによって大量発行され、でも行き場のないお金が不動産市場に向かって注ぎ込まれているのです。

経済学者の水野和夫氏（法政大学教授）は、資本主義はバブル清算型資本主義に退化したと指摘しています（『資本主義の終焉と歴史の危機』集英社新書）。

バブルは必ずはじけて、投資が清算されます。

いま不動産業界は、「オリンピックまで、どんどん売れ」の合言葉であおっています。銀行もこれに手を貸していますから、頭金なしのフルローンで不動産を売っている会社もあります。これが現在の不動産業界の「常識」です。

年収1千万円の会社員が、まるまる4億円もの融資を受けて、不労所得を得るためにア

パートを買ったりしていますが、これが「変だ」と、なぜ思わないのでしょうか。

しかも、それを資産といっています。私たちからすれば資産から借金を除いた額、純資産が問題ですから、彼らの資産はいくらもないのです。バブルがはじけたとき、悲惨なことになるのは、火を見るより明らかです。

家賃とローンを比較して、ローン返済のほうが有利だから家を買いなさい、という不動産業界の口上も私にいわせれば不合理です。こうしたことをうのみにする人が多いのです。50歳で家を買って25年のローンを組めば、75歳まで返済が続くのです。退職金があるといっても、15年年後に退職金がもらえるかどうか、わかりません。いや、この時代、会社が存続するかどうかも不分明なのです。

「家を買う、買わない」「投資をする、しない」は、いま「得か、損か」ではなく、自分のライフプランから、自分がどんな生き方をしたいのかを考えて判断するべきことです。

身の丈に合わない投資にしても、マイホームの購入にしても、本来は自分の資源を活かして収入を上げ、倹約し、その残ったお金で投資をしていくのが王道です。どんなことにもしかるべき手順というものがあり、この手順を飛び越えて運が上がるわけがないのです。

ですから私は、家もお金も生きるうえでの「手段」であって、これを「目的」にしててしまってはダメだと思います。ＦＸや株のデイトレードにはまるのも、お金が目的になって、目先の欲に動かされている姿です。成功する人は極めて少ないでしょう。

先日、高橋会長に、非常に考えさせられる金言を教えていただきました。

それは、**「信じるな、疑うな、確認せよ」**というものです。

「信じるな」というのは、バフェットもいっているように、世の中やマスコミの情報を、そのままうのみにするな、ということ。自分なりの視点で判断しなさい、というのです。

「疑うな」は、先の言葉と矛盾しているように思うかもしれませんが、情報をすべてシャットアウトすることなく、一度は、いろいろな人の話に耳を傾けなさい、ということです。さもなくば必要な情報さえも入ってこなくなる、と高橋会長はいうのです。

「確認せよ」とは、その入ってきた情報を、最低でも3人のプロに確認しなさい、ということです。そして最後に、高橋会長はこうつけ加えてくれました。

「江上さん、**私も含めて人間というのは、欲の皮がつっぱるとまわりが見えなくなるもの。**だからこそ『信じるな、疑うな、確認せよ』ということが必要なんじゃないんですかね。運のいい人、うまくいっている人というのは、この作業をやっていると思うよ」

たいへんに、ありがたい言葉を教えてもらったものです。

オランダの哲学者・スピノザの言葉に「永遠の相《そう》の下《もと》で」という言葉があります。永遠の、つまりは神の目で見る、思考する、というこのフレーズに倣《なら》えば、私たちも、目先の欲に支配されず、それこそ一生を見通した、いわば一生の相の下で「いまを判断する」という思考が求められている時代だと思います。

目先の欲に流されず、「一生」という視野の中で、「いま」必要なものを見定めよう。

常識や固定観念で判断せずに、
冷静に、一歩下がって、
欲をコントロールすることが大切だ。

第2章

「言葉」を変える思考を持ちなさい。やがてそれは

行く言葉が美しければ、来る言葉も美しい。

——韓国のことわざ

よい言葉は、自分がそうありたいと思っているとおりになろうと努める力を、人間に与えるものだ。

——アウグスト・ストリンドベリ

人間の言葉のうちで「私は知りません」ほど情けない言葉はありません。

——ナイチンゲール

その一語一語、その言葉のすべてが、人生に直接的に影響する暗示となる。

——中村天風

あの言葉はもちろん、思わず口からこぼれたのだが、思わずいっただけによけい

運命を変えるから。

思考は、言葉によっておこなわれます。
その言葉は発音されて外に出たり、
心の中だけでひっそりと、
つぶやくだけで終わることもあります。
外に出た言葉も、出ずに終わった言葉も、
それらは重要な役割を負っています。
それは「自分を表現する」という役割です。
そう、自分の言葉は自分を表現していて、
言葉どおりの自分になっていくのです。
だから、言葉は怖いのです。

言葉 *Word*

重大なのだ。
——ドストエフスキー

言葉もまた行いなのです。そして行いは、ひとつの言葉なのです。
——エマーソン

素晴らしき言葉は、鉄の扉をも開ける。
——トルコのことわざ

ある人は十銭をもって一円の十分の一と解釈する。ある人は十銭をもって一銭の十倍と解釈する。同じ言葉が人によって高くも低くもなる。

——夏目漱石

本気でいうつもりなら、言葉を飾る必要があろうか。
——ゲーテ

「自分の強み」をどう表現すればよいのでしょうか？

ずっと最前線で活躍したい。そう願ったときに必要なものがあります。

それはブランドです。

ビジネス活動をするうえで、私は「自分をブランド化する」ということがたいへん重要だと考えています。つまり、自分を商品に見立てて、自分の商品価値、ブランド価値を、どのように表現していくかということです。

私たちは多くの他人との接触によってビジネス活動をしていますから、「他人からどう見られているか」が、あなたのブランドを決定づけているのです。

こうしたことを踏まえて、私が会社のスタッフにいうのは、

「自分のプロフィールをつくりなさい」

ということです。

プロフィールについては、第1章の「思考」でもお伝えしました。

私が著書を書く修業に行き、そこで出された課題は「他人への役立ち」をキーワードに自分を表現しなさいという課題でした。

当社でのプロフィールはこれとは少し違い、自分の「強み」を知るためにつくるのです。スタッフに「強み」というと、自分の成功体験ばかりを思い出そうとするようです。

でも、それでは不十分です。

実は**「失敗体験こそが強み＝他との差別化になる」**ことが多いのです。

早い話が、当社の笠井裕予がそうです。

彼女の著作『成功したい女は「結婚」を捨てなさい』（経済界）に詳しく書いてありますが、彼女は青い鳥を探しまわった挙げ句、未公開株の購入という詐欺まがいのビジネスにはまり込んで、とうとう5千万円もの借金をつくってしまったのです。

私の会社で仕事をするようになってから、しばらくの間はひた隠しにしていたのですが、どうも様子がおかしい。妙な電話がときおり、会社に来るのです。

問いつめてみると、

「すみません、本当をいうと……」

と打ち明けたのでした。

もちろん驚きましたが、クビにするわけにもいきません。

メンターにも相談して、そのまま再教育することにしたのでした。

このことは彼女としては隠したかった事実でしたが、私の処女作『年収1億円思考』がベストセラーとなり、その中で笠井のエピソードを書いたことから、多くの人に知られることになり、彼女も腹をくくったそうです。

笠井としては、最初はセミナーなどで、仕方なくその過去を明らかにしたという経緯でしたが、次第に、

「借金5千万円から立ち直った女性とは、どんな人だろう?」

という、強い関心をお客様が抱く結果となり、彼女の思いとは反して、多くのファンをつくる契機になったのです。

ですから、自分の強みとは、必ずしも成功体験だけではないのです。

人生のプラスもマイナスも、あけっぴろげに「自分の物語」を売るべきなのです。

順風満帆な人生などあり得ません。**どんな人生にも山もあれば、谷もある。それが他人との際立った違いを生み、「魅力」になるのです。**

そんな魅力が人を惹きつけ、運命を開いていくのだと思います。
そして、自分の強みについては、メンターに教えてもらうのがいちばんです。
メンターとは、失敗も、苦労も、挫折も、すべてを乗り越えてきた人。
自分では気づかないことも、メンターには見えているものです。

成功体験や得意なことだけ見ずに、
自分の弱さを見つけ、向き合って、
人にどんどんさらけ出してみよう。
きっと人を惹きつける「魅力」になる。

自分の強みや弱みをとことん書き出してみることだ。
わからなければ、メンターに聞いてみることだ。

なぜ「自己評価が低い人」が成功できるのですか？

私のまわりを見ていると、うまくいっている人ほど、自分の失敗やマイナス体験を平気で公言しています。新規ビジネスで失敗したとか、幼いときに出来が悪くて川に放り投げられたとか、あるいは取引先ができずに悩んだとか。

友人である、ほめ達（一般社団法人日本ほめる達人協会）の西村理事長も、小学校のときに生徒会長に立候補したそうです。ぼくに票を入れてね、と友だちに頼みまくったのですが、まったく無視されて、開票したら、1票。自分の票だけだったといいます。

みごとなくらい、あけっぴろげです。

ベストセラー講座に通った経験でも、著者の中で活躍している人というのは、ありのままの自分をみんなの前でさらけ出して、それをばねにしている人です。

ところが、**うまくいっていない人ほど、そういうマイナスや失敗、欠点を口にしません。いわずに逃げています。隠します。**私は、そのような人にいっさいの魅力を感じません。

また、自己評価も、うまくいっていない人のほうが高く見積もっています。プライドが高いのかもしれませんが、〇〇大学卒業です、とすぐにいうタイプです。

当社にも国立大学大学院を出て、すぐに出身大学の名前を出す人間がいましたが、彼は自分ができる人間だと思っているのです。彼以外にも、実際にはできないのに、どうも勘違いしている人が多いものです。

それに対して、できる人間というのは、自己評価が控えめです。

アースホールディングスの國分社長は人材を「A・B・C」ランクで分けていますが、國分社長はこの中で、**Aランクと Cランクの人でなければ経営者にはしない**、といっています。間のBランクの人は、国立大学出身などの人たちで、勉強はできる人です。

Aの人はとびきり仕事ができる人で、Cの人はあまり勉強はできなかった人ですが、國分社長の言葉を素直に聞いて、受け入れて、自分はこの仕事しかないと考えている人です。学歴もありませんから、これをするしかないと覚悟があります。

このような、**Cランクのような人が大化けする、と國分社長はいっているのです。**

驚いたのは、これを取締役で31歳で年収1億円を達成した山下誠司さんにぶつけると、「いや、私自身、Cランクだと思っているんですよ」というのです。

「私は何も才能がないから、この仕事をするしかないんです」

これを聞いたときには驚きましたが、すごい人は謙虚なのだということを、あらためて認識しました。謙虚な人というのは、こうして素直にさまざまな教訓を学んでいきますから、ますます成長していきますし、ますます運を上げていくのです。

自己評価の高い人と低い人のどちらが成功するかは、いうまでもありません。

できる人間は自分をよく知っている。正確に、自分の強み、弱さを押さえよう。「足るを知る」とはこういうことだ。

自分をよく知れば、謙虚にならざるを得ないもの。それがまた、人を惹きつけるのだろう。

「言葉が自分をつくる」とはどういうことですか？

簡単なことが、案外、だれもわかっていません。

自分をブランド化して、商品価値を高めていく中で、いちばん注意しなくてはならないのは、マイナスの言葉を使うことです。

「できません」「だって」「だめ」といった否定語、言い訳、拒否語の使用です。

このようにいうと、よくこんな声を聞きます。

「それは、上司や取引先が無理なことばかりいうからだ」

でも、少し考えてみてください。そのようなことはだれの身にも起こることです。

それでも、**うまくいく人というのは「わかりました」「やってみます」と、チャンスに目を向けます。うまくいかない人は、障害として受け止めます。それだけの違いです。**

どちらにチャンスが回ってくるでしょうか。火を見るよりも明らかです。

言葉を出すときには、それで自分がどう思われるか、「客観視」する必要があるのです。

プロは2つの目を持っている、とメンターが教えてくれました。

ひとつは、外界を注意深く見る目です。

そして、もうひとつは、その自分を肩越しから観察する目「客観視」です。

仕事中はプロに徹して、自分をよく見るというのです。

何も考えずに、思うがままに口から言葉を出す人は、魅力がありません。人から信用もされません。肩越しから観察する目を持っていないためです。

自分がどういう立場にいまいるのか、他人はどう自分を見ているのか、こういう言葉を使ったら相手はどう思うか。プロならつねに意識する必要があるのです。

たとえば、上司の前で、「それは、私にはできません」といったマイナスの言葉を使ったら、もう仕事を任せてはもらえないでしょう。

経営者がいつも愚痴をいっていたら、社員はたまらないでしょうし、取引先は「この会社は大丈夫か」と怪しむに違いありません。

すべて、ほかからどう見られているか、意識して行動するのが、プロというものです。

このことは、アースホールディングスの國分社長もいいます。

なぜ、私はフェラーリに乗るのか。

なぜ、全身のコーディネートに200万円もかけるのか。

なぜ、細身の体を維持するのか。

プロだから、というのです。

美容師業界に生きるプロとして、どうみられるかを意識するのは当然である、と。

つまり「國分ブランド」を維持するためです。

自分ブランドをつくり、維持するためにも、マイナスの言葉、言い訳、否定語は使わないほうがいいのです。

また、これはある脳科学者からの受け売りですが、自分で話す言葉というのは、自分の耳に入ります。そして耳から脳に伝わります。

自分の言葉は、自分がいちばんよく聞いているというのです。

これによって、一種の洗脳の働きが生まれるといいます。

つまり、「私にはできません」といったマイナスの言葉を使っていると、何ごとにも、できない、自信のない方向に脳が傾向性を持ってしまうわけです。自分で自分をマイナス方向に洗脳しているのです。

反対に、プラスの言葉が人間に与える影響は、すごいものがあります。

当社の笠井が立ち直れたのは、一にも二にもプラスの言葉しか言わないことによります。

5千万円の借金があっても、いつも笑って、

「そうです、そのなかでがんばっています」

といい続けています。そのギャップが魅力となって、人が寄ってきてセミナーも大盛況になっているのです。完全に自分の強みにしています。

笠井の師匠に、中尾歩さんという50歳の女性がいます。

故郷は広島県福山市。お父さんは漁師だったそうですが、中尾さんは、このお父さんに幼いころから、ずっと、

「お前はお姫様なんだ、だから輝いて生きなさい」

といい聞かされてきたそうです。

この言葉が中尾さんの胸にしみ込み、積極的に生きる支柱になりました。

地元の高校を卒業して、大阪の有名ホテルに勤めたのですが、どうも違和感がある。お姫様の私が勤めるところではないと、1年で辞め、地元に帰ってバイクショップに勤務。きれいな人ですから、高校生たちのあこがれのお姉さんになって、そのバイクショップ

で一番の営業になってしまいます。

でも、お姫様の私はもっと成功できるはずだと、3年で退職。健康物品関係の会社に入り、ここで知り合った男性と結婚をします。

ただ、結婚をして世間の常識に縛られていった中尾さんは、本来のお嬢様である自分を忘れ、「私なんか」「どうせ」「やっぱり」といった口ぐせを繰り返すようになりました。

旦那の親との同居を拒んでボロアパートに住んでいたそうですが、このアパートが火事になって子どもと夜逃げ。不思議なことに、よくない出来事が次々と起きたといいます。

このままではいけない、何かが間違っていると考えた彼女は、ポジティブ思考を学び、本来の自分を取り戻そうとしました。

そんなとき、もう一つの出会いがありました。

女性客の自宅に置いてあった、ビリケンさんに出会い、「ビリケンさんには力がある」と直感。これをやったら、すごいことになると考え、九谷焼《くたにやき》で製造し、販売します。

このころ、笠井裕予と出会うのです。

中尾さんは今年で会社を立ち上げて17年。ビリケンさんを販売し始めて15年。いままでは月に500体を販売し、年間売上はつねに1億円を超えています。

その積極さと行動力は目をみはるばかりですが、彼女にいわせれば、**多くの人はサイドブレーキを引いたまま車を運転している**、といいます。

つまり**行動すればいいときに、ブレーキをかけながらアクセルを踏むから飛び出せない。**

でも、彼女は「自分はお姫さま。いつだって輝く」という父親の言葉を信じているから、躊躇なく飛び出せるのです。

そういえば、ビリケンさんも「ついてる」「ついてる」と、繰り返し唱えます。あれも自己洗脳の一つです。言葉を繰り返すことで、自分の思考を、運命を変えているのです。

「わかりました」「やってみます」とプロ意識あるプラスの言葉を使おう。

いい意味で、言葉によって自分を洗脳することは、現状から脱皮し、運命を変える強力な手段である。

どうして言い訳はダメなのですか？

「でも」「だって」「だけど」「私のせいじゃない」

自分の間違いを素直に認めない。そればかりか責任逃れをしようとする。

言い訳のいけないところは、「他責＝他人のせい」があたりまえになっていることです。

つまり、うまくいかない理由は、つねに自分以外の要因なのです。

ここでいう「他人」とは、人間ばかりでなく、時代、環境、状況なども含んでいます。

成績の悪いことや仕事のできないことを棚に上げて、世の中の市場が悪いせいだ、環境が悪いせいだ、などとなるわけです。

あらゆる問題というのは、だれの身にも起こります。そのときどう考えるか、どう受け止めるかで、その先がまったく違ってくる。運命も変わってくるのです。

私が損害保険会社にいたときも、月1回の営業会議は、まさに、言い訳のオンパレード大会でした。前月の目標に対して達成したか、未達なのかを申告するのですが、その理由もいわなくてはなりません。やはり達成していない人にかぎって、すべて他人のせいです。

たとえば、クルマの保険は自動車が売れればセットで売れますから、自動車が売れていないから保険もダメでした、という言い訳がとおったり、キャンペーン予算がほかの保険会社より少ないからこうなったと、予算のせいにしたり……。

人間は、責任から逃れようとしたら、いくらでも責任回避のための「言い訳」「理由」を考え出す動物です。根本にあるのは、自己保身と逃げです。まともに課題や問題に取り組もうとはしない弱さです。

もっといえば、**基本的に「新しいものを創り出す」とか、「人に貢献する」といった、積極的な考えがないために、言い訳の言葉を吐くのです。**

本来ビジネスというものは、前進するエネルギーに支えられています。ポジティブ思考で述べた「順」のエネルギーが根本です。

それに沿っていこうという積極性があれば、成功に向かうことができますが、言い訳は「できない理由」の羅列で、一時ストップですから、進行の「逆」=逆行になります。まわりにも自分にも、大きなブレーキをかけたと同じです。

そういう人間に仕事を任せようとは、だれも思いません。お客様も何も期待しません。

営業で同行すれば、言い訳人間かどうかは、すぐにわかります。

お客様が何かを尋ねることがあります。

「こういうことが、保険でできるだろうか」といった素朴な質問です。

できる人間は、

「はい、わかりました。調べてみます」

と宿題として持って帰りますが、できない人間は、

「そういうことは、やったことがありません」

といってしまうのです。

相手が上司でも同じです。できない理由をつねに用意しています。

つまり、期待値をいつもゼロにしてしまうのです。

できる人間が、

「わかりました。2、3日、お待ちください」

と、相手に期待を抱かせておくのとは、まったく対照的です。

また、**言い訳をする人は、自己肯定感が低い人ともいえます。**

それは、いい換えれば、お金持ちになれないということです。

自分がしたことに自信を持てないのですから、いざ人の役に立つことをしても、「いえいえ、そんな、お金なんていただけません」が口ぐせで、お金を「受け取る」ことができないのです。

そのような人に、お金が貯まるわけがないのです。

悪いのは他人のせい、ではない。悪いのは自分のせい、と自責で生きよう。

できない理由を探すのはやめて、できるはずだと、まず自分を信じるのだ。

「イエス」といえば、どんないいことが起こりますか？

否定語とは真逆の言葉と、そのパワーについて考えてみましょう。

アメリカの世界的企業グーグルのビジョンに「イエスといおう」というものがあります。

「だめ」「できない」や「でも」「だって」とは反対の「イエス（YES）」です。

『How Google Works』（日本経済新聞出版社）という本には、元コネチカット大学学長のマイケル・ホーガンの言葉が引用されていますが、そこにはこう書かれています。

「頻繁にイエスというのだ。イエスといえば物事は動き出す。イエスといえば、成長が始まる。イエスは新たな経験につながり、新たな経験は知識と知恵につながる」

これがグーグルの「イエスの文化」醸成です。

イエス、オッケー、わかった、やろう、といえばものごとが動き出し、成長も始まって、新しい経験にもなる。

それはまた、知識や知恵を生み出すもとになる、といっているのです。

要は、**ものごとに対して、イエスから入るのか、ノーから入るのかということ。**

これが、幸せな運命と不幸せな運命の分岐点なのです。

イエスといってしまえば、「いかにしたら、できるか」がテーマになりますし、ノーと切って捨てれば、あとは「できない理由」を探すだけです。

私のメンターの一人に、アパマンショップの創業者であり、三光ソフランホールディングスの高橋誠一会長がいますが、会長がインドネシアでマンション開発をしていて、これを日本でも販売するという話を聞いたとき、私は即座に、

「会長、おもしろいですね。わかりました。私のすべてのお客様にご紹介させてください」

と請け合ったものでした。

私は保険を売る立場ですから、保険を売るのがあたりまえです。ですから、ふつうの常識で考えれば、高橋会長に保険を売りに会いに行くはずです。

でも、私は少し違います。相手のお客さんのものも売るのです。

高橋会長にかぎらず、どなたに対しても、まずは相手の商品を売る、あるいは私が買うことからスタートします。

あるとき、高橋会長に聞いたことがあります。

「なぜ、江上と会ってくれるのですか」
「江上さんは、人をいっぱい集められるだろう？
人をいっぱい集められるのは、それだけいろいろな人たちが、あなたに期待していると
いうことだよ。だから私はあなたに会うんだ」
そして、**ファンをつくれる人間とつき合うと絶対に儲かる**、とも教えてくれました。
「儲」という字は、本来、「諸（たくわえる）」という意味が由来ですが、「信＋者」と書き
ます。信者が集まるから儲かるのだ、と私は思うようにしています。

たとえば、人集めも「やろう」と決めればできるのです。
スタッフにも、それをいつも伝えています。
先日も、セミナーのアポが取れないというSさんに、夜中までつき合ってアドバイスし
たものでした。
「Sさんね、いままで生きてきて、これくらいのアポしか取れないというのは、自分の人
生を否定することになってしまうよ。ファンがこれだけしかいないなんて。
私がSさんなら、社長の本ですといって、100冊くらい買って知り合いに配って歩く。

買うときは、代金は売上が上がったらにしてくださいといってもいいじゃないか。
そうしたら、人は来るだけなら来てくれると思うよ。
保険が売れる、売れないは関係ないんだよ。
要はやる気を出して、考えることなんじゃないかな」
やろう、という気迫のくせをつけなくてはダメです。

イエスといえば、ものごとが前に進み出す。やろう、という力強い言葉は、運命を好転させる最初の一押しなのだ。

イエス、やろうという意気込みを持ち、
その言葉をいつも出すことだ。

人の心を動かす言葉とはどんなものですか？

プロとして人からどう見られているかを意識するという点において、人間としての品格、言葉づかい、あるいは立ち居振る舞いということも重要です。

でもそれ以上に、私は「人の心を動かす」プラスの言葉を意識してほしいと思います。

たとえば、流行っている料理店などは、迎えてくれる言葉やかけ声にも活気があります。料理が美味しいということにも増して熱気があります。「はい、いらっしゃいませ！」と張りのよい声で迎えられたら、ビールもたくさん飲みたくなるでしょう。

このプラスの言葉の威力を、私は高橋会長の三光ソフランに面接に来た中国の女子大学生に見ることができました。彼女は、新卒の大学生で英語はできるそうですが、日本語はまだ、あまりできません、ということでした。高橋会長が、

「日本語ができないんだったら、ちょっと採用は難しいね」

といったところ、それは2月だったのですが、彼女は即座に、

「入社は9月です。まだ6カ月もあります。絶対に日本語ができるようになりますから、採用してください。もしできなかったら、クビにされてもかまいません」

真剣にアピールしたとのこと。この言葉で採用が決まりました。

「これは日本人にはいないね」

ハングリー精神に、高橋会長は感心していました。現在は社長のもとで活躍しています。

人の心を動かす言葉というものがありますが、まさに彼女の言葉も、高橋会長の気持ちを揺り動かすものだったのです。

相手が望んでいる言葉を力強く、口に出してみよう。

うわべの言葉で人は動かないが、
心の底からの言葉は、相手の心に快く響くものだ。

なぜ「主語」が大切なのですか？

運が悪い人、運気を下げる人というのは、考えるとき、ものをいうときの主語が、すべて「私」です。

私「は」儲けたい…、私「が」うれしいのは…。

「私は」「私が」という思いは「我」です。

自分が、という「我」を手放さなければ、どんなに素晴らしいメンターと出会っても、どんなに素晴らしい話を聞いても、いつまでも運命を書き換えることはできません。

そこには「受け入れる」という謙虚さが、まるでないからです。

成功するには「我」を手放して、成功している人のまねをするのがいちばんなのです。

ビジネスにおいていえば、「私」から離れて、「お客様」「他人」が主語にならなくては、その先が展開しません。

お客様をどう喜ばせるか。お客様の価値をいかに上げるか。上司をどう勝たせるか。

このように他人を主語にしたほうが、「私」を主語にするよりも美しいのです。人から好かれます。ファンづくりにもなります。

話し言葉も書き言葉も、すべて「主語」が何であるかによって内容も表現も、訴えかける力も違ってきます。日本語は主語があいまいだとしばしばいわれるところですが、主語をきちんと特定したほうが、いいたいことが強く伝わります。

そのときに、だれのこと、何のことをいっているのかによって、相手の聴き耳は敏感にもなり、いい加減にもなるでしょう。聴き手である自分のことを主語にしているとか、自分に関係することが主語だとわかると、がぜん、聴き耳がたちます。

反対に、話し手や書き手の自慢話は、よほど伝え方がうまくないと、聴き手、読み手の関心を続けさせることは難しくなります。

面白いもので自分の人生が傾きかけると、人は「私が」「私が」という傾向があります。何とかして、落ち目の人生を立ち直らせたいと思うあまりでしょうが、その焦りがまわりを見えなくして、かえってよくない結果を生みます。

また、**「自分はすごい」と思ったとき、その瞬間から人は落ちていくようです。**

松下幸之助さんは、物事がうまく運んだときには、これは運がよかったと思い、失敗し

たときには、「これは自分のせい」と考えていたといいます。

あくまで自分にはまだ力が足りないといった、謙虚な思いで生きる心がまえは大事です。

「私が」と自分が主語のときは、自分中心主義に落ちていて何も見えていないときです。

成長は、できないことができるようになることですが、「できたぞ、自分はすごいぞ」と思ったときには、もう先がありません。まだ足りていないところがある、できていないところがたくさんある、と考えて努力してゆくなかで、成長があるし、成功もあるのです。

できたことよりも、明日に向けた伸びしろが大きいことのほうが、もっと重要です。

私は、私が、という「我」を捨て、他人を、お客様を主語にしよう。

自我を手放し、成功している人のまねをする。

成功者はみな、そうして運命を開いているのだ。

コミュニケーション能力を上げる決め手は何ですか？

言葉の力が、いちばん発揮されるのは、質問するときです。

質問は、運命を変えます。運命転換のドアを、質問という形でノックするのです。

運命を変えたいのならば、質問力を生かすべきです。

ビジネスでも日常の生活でも大切なのはコミュニケーション能力ですが、このコミュニケーション能力というのは、

「質問力×貢献力×傾聴力（共感力）」


の方程式で表されます。的確な質問をし（質問力）、その質問が相手に対して貢献するものであり（貢献力）、相手のいうことに心から耳を傾ける（傾聴力）。

これによってコミュニケーションというものが、上手に図られるのです。

この中で、もっとも基本になるのは「質問」です。聴くことです。

社内の会議でよくいうのですが、営業能力を上げようと思ったら、私の講座に優秀なプ

ロの営業マンがたくさん参加していますから、彼らに尋ねればいいのです。所属する保険会社で1番の営業成績を取ったとか、年収は5千万円ですといった優秀な人間が来ているのです。彼らに、素直にこう聞けばいいのです。

「どうやって成功したのですか」

「1番には、どうしたらなれるのですか」

同じレベルの人間同士で喋っているだけでは、いつまでたってもレベルは上がりません。こういう質問を投げかけられて、いやな気持ちになる人はいません。質問者は明らかに自分を信用し、その力量をたたえ、教えを乞うているからです。

自分の価値を上げているのです。きっと、「それはね」と、返してくれるはずです。そうすれば、その優秀な人間と良好な関係を築くこともできるでしょう。自分の質を上げようとしたら、ひたすら、優秀な人間とおつき合いするしかないのです。

相手を上げて、いい気持ちにさせる質問。相手の心を開かせる質問。これがよい質問です。よい質問はコミュニケーションを促しますが、逆にコミュニケーションを阻害する悪い質問もあります。むしろ日ごろは、こちらのほうを多く使いがちかもしれません。

私たち保険営業の世界で、やりがちなのは、

「どんな保険に入っていますか」

という、ぶしつけな質問です。

ビジネスでも日常生活でも、会話は証人喚問ではないのです。相手のことを十分に考えたうえで、言葉を選んで話さなくては、相手の気分を害するだけで終わってしまいます。

営業マンで、会っていきなり、こう聞いてくる人もいます。

「ところで、江上さん、年収はおいくらなんですか」

なんであなたに、そんなことを答えなくてはいけないの、とムッときます。

相手を上げ、力をたたえる質問には、心を開かせる不思議な力があるものだ。

自分がいやな気分になることは、
だれだっていやなもの。大切なのは想像力だ。

どんな質問をすればうまくいきますか？

とはいえ、当の私自身も不用意な質問をしたために水をぶっかけられた経験があります。

サラリーマンになりたてのころの話です。

ある車の整備工場に行ったとき、そこは地域でいちばんの会社だと知っていたのですが、

「御社では、車検は月に何台くらいなのですか」

会ってすぐ、社長にそう聞いたのです。

とたんに社長の顔色が変わって、そばにあったバケツの水をぶっかけられました。

「帰れ」とえらい剣幕です。

「おまえな、初対面の人間に車検の台数がいくらですか、なんて聞くのは、財布の中身を聞くのと同じだぞ。どんな教育を受けているんだ。親の顔が見たい！」

すっかり怒らせてしまいました。会社に戻って上司に報告しましたが、それはよくないな、というだけで、どうしたらいいのか善後策は与えてくれません。

そこで私は考えました。翌日、自社の倉庫に行って、積んであった粗品進呈用のタオルを500本ばかり車に積み、整備工場に謝りに行きました。

「すみません、これ、窓ふきに使ってください。私も掃除しますから」

奥さんに頼み込みました。

この件は、奥さんが社長にとりなしてくれて、なんとか次の訪問につなぐことができましたが、相手のことなど何も考えていない、ただ自分のことしか考えていない態度を深く反省したものです。

「質問する」という行為は、相手のいいところを発見してあげることにつながります。傾聴することは、その人の価値観、人生観を聴くことです。

人生観はだれもが違うものですが、保険営業にかぎらず、その人の人生観を聞かなければ、よい提案というのはできません。

たとえば、相手が経営者であるならば、その会社の理念、将来の夢などを聞くべきです。企業理念や夢といったものの中には、経営者の思い、将来の目的、希望など、さまざまなプラスの要素がつめ込まれています。経営者も、自分や自分の会社を語りたいのですから、それを聞けば喜んで話してくれるでしょう。

会話が成立し、コミュニケーションを図ることができれば、相手にはどんな提案をすればよいのか、喜ばれるかがわかってきます。

社長の人生観を聞く中で、従業員を幸せにしたい、という話が出てくれば、従業員のための保険の提案もできるのです。

ダメな営業マン、売ろう、売ろうとしてばかりいる人は、かえって情報がつかめていないものです。だから、売れないのです。

親からの遺産が1億円ある人のところに行って、5千円の医療保険を一所懸命にすすめているようなものです。

しかも、「安い保険ですから、買ってください」とお願いばかり。

これではお客様もめんどう臭くなって、

「安いというから、入っておいてやれ」

でつながりは終わってしまいます。高いか、安いかだけが、評価の基準です。

だから、それを売ったら、縁が切れます。関係が広がることはありません。

営業活動で、これほどつまらないことはないでしょう。上手に質問し、心を許してくれれば、紹介などもあって、どんどん広がっていくのに、もったいない話です。

相手の価値観や人生観を聴こう。いいところを発見するのだ。傾聴するとは、こういうことだ。

喧嘩のためではなく、
相手を知るための質問だと考えれば、
正解がわかってくる。

なぜ「自分を売る」のはいけないのですか？

「売ろうと思えば思うほど、売れなくなってくるんです」

あるセールスレディが嘆いていましたが、営業の達人は、ほぼだれもが「売ろうとしてはいけない」と答えるはずです。

私がサラリーマン時代に、伝説の営業マンといわれた人から、その極意を聴いたときも同じでした。とくに彼が強調したのは、**お客様の前に出たとき、営業マンは謙虚でなくてはならない**、ということでした。

彼は外資系保険会社で「エグゼクティブ・プランナー」という最高峰の地位を得て独立し、成績不振の部下たちを、またたく間に業界トップの営業マンに育てられた方でした。

私が当社のスタッフの指導をお願いすると、わざわざ東京から広島まで出向いてくださり、丸2日間にわたって、ロールプレイングを中心に研修をおこなってくれました。

この結果は驚くべきもので、当社の社員の売上は400％以上、上がったばかりでなく、私にも営業の原点を思い出させてくれたものです。

ふつう、どんなダメ営業マンも聞かれれば、「お客様が中心」と声をそろえるはずです。ところが言葉と行動は違うものです。現実にお客様の前に立てば、たちまち自分の都合しか考えない自己中人間になります。

つまり、何がなんでも「売ろう」「売りたい」人間です。これが三流営業マンの姿です。売りたいオーラを全身からほとばしらせ、どこかで学んだ間違ったテクニックで、言葉を尽くして、お客様を説得にかかります。

こんな営業マンは、お客様から嫌われて当然です。嫌われた営業マンが、成績を残せないのも、あたりまえなのです。

この間違っているパターンに一刻も早く気づかなければ、うまくいくはずがないのです。

自分はお客様中心といいながら、実は違う。自分中心なのだと謙虚に認めるところから、本当に好成績を無理なく収められる営業マンへの脱皮が始まる、と彼はいうのです。

では次に、どうしたらよいのか。「売ろうとするな」と彼はいうのです。

「自分の都合は心の奥にしまい込んで、お客様の言葉を、考えを、悩みを聞け」と。

お客様のほんとうの悩み（裏ニーズ）は、人間の欲求から出てきます。

人間の欲求には、「不安を・不満を・怒りを解消したい」「恐怖から逃れたい」「安心したい」「満足したい」「喜びたい」などさまざまあります。

この欲求を聞き出し、満たしてあげるのです。

質問し、答えを聞き、さらに質問をしぼっていくことで、相手の欲求、そしてニーズを探っていきます。

のちに、彼以外の何人かの凄腕の営業マンから話を聞いたのですが、共通しているのは同じことでした。そのために必要なことは、

「相手に没入する」

「自分を捨てる」

ということです。

徳を積みなさい、とよくいわれますが、自分を捨て、他者に奉仕することで、時間はかかる場合もありますが、それは必ず返ってきます。

しかし、謙虚にお客様の声に聞き入り、売ろうとしないのなら、お客様を説得するテクニックも不要です。すると営業には、販売「技術」がまったく価値を失うことになります。

そのたぐいのノウハウ本を読む必要は、なくなるというです。

売るのではなく、満たしてあげよう。
相手の欲求に耳を傾け、聞くのだ。
自分を捨てるつもりで
とことん相手に没入するのだ。

テクニックで買わされたお客様は、
営業マンを嫌いになる。

なぜ人生にはメンターが必要なのですか？

「素直さを持ちなさい」

メンターから、いまでもいわれる言葉です。

素直さは、成長にもつながります。

素直な人は、どんな人からも学びます。

貴重な教訓を学んだら、それをすぐに生かし、自身の成長に結びつけていきます。

だから素直さとは、成功の必須条件といわれるのです。

成功している人の言葉には、その人が何年にもわたって導き出した「知恵」がつまっています。何気ない言葉や行動にも深い意味があるものです。

それは、うまくいっていない人が一所懸命考えたところで理解できるわけがありません。

だから、自分を捨て、そのまま素直にまねる人というのは成功も早いのです。

アースホールディングスの國分利治社長が、年収1億円を超えるためには、13年という年月が必要でした。

何もないところから独立創業しますが、まもなく店舗拡大の壁にぶつかります。

その後、アメリカ視察などを経て、すべてを自分の知恵と感性で会社を築き上げ、フランチャイズ・システムを導入。

やっとの思いで現在の地位を築いたのですが、それでも年収が1億円を超えるには、13年という長い年月が必要だったのです。

ところが、**弟子である山下誠司さんが1億円を超えるには、7年と、ほぼ半分の年数で可能でした。**

この差を埋めたのが、メンターの言葉、アドバイスだったのです。

山下さんは、アースに入社するとき、國分社長に、

「どうしたら店長になれますか」

と尋ねたといいます。

「1日も休まず、そして、だれよりも早く店に来れば、なれるよ」

このように答えた國分社長の言葉を現在にいたるまで守りとおしていますが、まさに國分社長に出会って以来、山下さんは自分の考えを捨て、國分社長の言葉どおりに生きているのです。

國分社長は創業者ですから、いまの地位にいたるまで、でこぼこが当然あったわけですが、その経験の中で、これはよくないと思うところ、これはぜひ真似してほしいというところ、その両方を山下さんに伝えているのです。

それを山下さんは、忠実にトレースしたのです。

つまり、**生活や仕事のすべてを國分社長の指示どおり、アドバイスどおりにしているからこそ、13年を7年に短縮できたのです。**

自分の人生を、明確に目的思考で生きている山下さんですから、実行できたと思います。

私も、メンターのアドバイスをよく聞きます。

今年のはじめにもあるメンターから、

「君も、いつまでも、かつて営業成績で1番を取りました、と子どもみたいなことばかり自慢していないで、もうすこし業界のために、また、成績が上がらなくて困っている営業マンのために、これまで培ってきたノウハウを伝えるようにしないとダメだよ」

と指摘されました。

もう少し、「世のため、人のため」に働きなさい、という趣旨です。

それで考えて、それらをお伝えする講座を始めたのですが、私たちは自身のことを知らないことが多いものです。

メンターは鋭く、自分だけでは気づかないことを指摘してくれます。

ときには、こちらから質問して、あるいは指摘されたら素直に聞いて、新しい自分に変わろうとすることは、とても重要なことだろうと考えます。

本当に強い人間というのは弱さを持ち、弱さの意味を知っています。それを知らなくては本当の強さを身につけることはできないからです。

だから、失敗や苦労、挫折など、壁を乗り越えてきた人には、大きな愛があります。

そのようなメンターとの出会いは、運命を変えるために大変重要なことです。

豊かな経験を持つ人の意見を聞き、素直にその人の経験を追体験してみよう。大事なのは、自分を捨てる素直さだ。

優れたメンターを探すことは、
充実した人生のために重要である。

第3章

「行動」を変える思考を持ちなさい。やがてそれは

行動するためには、いかに多くのことに無知でなければならぬことか。

——ヴァレリー

泳ぎ出したほうがいいよ。そうしないと石のように沈んでしまう。

——ボブ・ディラン

行動は必ずしも幸福をもたらさないかもしれないが、行動のないところに幸福はない。

——ベンジャミン・ディズレーリ

生きるとは、呼吸することではない。行動することだ。

——ルソー

長く待ち過ぎるより早すぎる行動に価値がある。

——ジャック・ウェルチ

運命を変えるから。

「こんなものが欲しい」
「あの人のようになりたい」
「あんな生活がしたい」
漠然とした夢や期待、あこがれなどが、
明確な対象を見つけ、確かな言葉となって
人間の心の中に生まれ始めると、
それは対象を実現するための強い欲求となり、
その欲求は、行動を惹起させていきます。
欲求という思考が行動の源泉となるのです。

行動 *Deed*

行動となって現れないような思考は無用であり、時には有害でさえある。
——土光敏夫

弱いとは、行動が感情に支配されることである。強いとは、行動によって感情を支配することである。

——オグ・マンディーノ

じっくり考えろ。しかし、行動するときが来たなら、考えるのをやめて、進め。
——ナポレオン

決めたということは、行動することだ。
——モンゴメリー

なぜ成功者は成功できたのですか？

成功者は、なぜ成功したかという話をしましょう。

欲求が行動を起こさせることを明らかにしたのは、アメリカの心理学者アブラハム・H・マズローでした。有名な「欲求の5段階」説です。

欲求にもいろいろあります。

彼は主著である『人間性の心理学――モチベーションとパーソナリティ』（産業能率大学出版部・小口忠彦訳）で、人間の動機づけに関する理論の基本的欲求として「生理的欲求」「安全の欲求」「所属と愛の欲求」「承認の欲求」「自己実現の欲求」をあげました。

行動の動機となるこれらの欲求は、生理的欲求から自己実現の欲求まで、いわば階段状に連なっていくと、彼は主張しました。

空腹や眠りなどを満たしたいという「生理的欲求」、そして恐怖や不安、混乱、無秩序などから逃れたいという「安全の欲求」が満たされると、人間は「愛の欲求」や「家庭に所属する欲求」を抱き、これが満たされると、自分への尊敬や他者からの評価など「承認の欲求」へと向かいます。

そして最後に、自分がこうありたいと思うことや、自分の力が最大限に発揮できることをやろうという「自己実現の欲求」を満たそうとします。

ひとつの欲求が満足すると、次の欲求の満足へ――。

それが人間の姿ですが、**私が知る成功者の多くは、早いうちから最終的な自己実現の欲求を抱き、そこを目指してまっしぐらに行動を起こしています。**

アースホールディングスの代表、國分利治社長は小さなときから悪ガキで、中学生では札付きの不良でした。

その國分さんはサラリーマンだった父の姿を見て、「人に使われるのはイヤだ」と考え、高校生のときに「将来は社長になる」と決めます。とはいえ高校を卒業後は、地元の企業に勤めるはめになり、怠惰な生活を送っていたそうです。

この事態を変えたのは、交通違反による運転免許の取り消しでした。公共交通の便の悪い田舎で、車のない生活は考えられません。

「それなら」と國分社長は決めたのです。

「これを機会に東京に出て、経営者になろう」と。

そうして単身、福島から上京したのでした。

新宿・歌舞伎町の美容室に住み込み（3人で一部屋）での働き口を見つけ、國分社長はただ一点、「経営者になる」目的のみを見ながらまい進しました。

國分社長の凄いところは、一度決めた目標をけっしてあきらめなかったことです。まさに、自己実現に向けての初志貫徹です。

また、当社の笠井裕予がつくった「マネーキャリアコンサルタント協会」に参加している、下田まさみさんという51歳の女性がいます。

下田さんは25歳で結婚し、4人の子どもを得ましたが、35歳のときに離婚。そこから女手ひとつで4人の子どもを立派に自立させました。

彼女は、離婚というマイナスの体験をプラスに変え、運命を好転させた好例です。

下田さんは離婚後、子どもを育てるために地元の牛乳配達店でパートとして働きますが、非常に苦しい生活だったといいます。というのも、1か月の給料は16万円。それで家族5人で暮らしていたのです。

この生活から抜け出すきっかけとなったのは、あるひとつのセミナーでした。

著者としても活躍している和田裕美さんの「陽転思考」セミナーです。そこから、

「人生、どんなにつらくても、プラスに考えていこう」

と、まずは思考を変えました。と同時に行動も変えたのです。

毎朝7時だった起床時刻を4時起きに変え、4時から7時までの3時間を、子どものための時間と、自分の勉強にあてました。

また、16万円の給料は12万円に落ちるとのことでしたが、パートから正社員にさせてほしい、と会社に申し出て、正社員にもなりました。

あるとき、取引先の大手牛乳メーカーの部長さんから、

「相手が求めていることを、素直にやってごらん。大きな信頼が得られるよ」

といわれ、会社や取引先に貢献するため、4年間、がむしゃらにがんばったそうです。

人口の少ない地方で、お客さんを150件ほど新規開拓し、売上を2倍にするほど会社に貢献しました。

その努力が認められ、店長に昇格。給料も2倍以上になりました。いまでは取引先のイベントなどにもひんぱんに呼ばれ、幸せで豊かな毎日を送っています。

離婚というマイナスの体験をプラスに変え、家族のため、人のために行動したことで、
彼女は自分の運命を変えたのです。

「こうなりたい」という
理想の自己像をつくろう。
いまがどんなに苦しくても、
欲を原動力に一歩踏み出そう。

いい家に住んでいる自分、毎月旅行に行ける自分など、
「こんな人になりたい」という夢や欲求が、
人一倍強い人間だけが、成功の果実を手に入れる。

億万長者の初仕事はどんなものだったのですか？

創業40余年を過ぎた、アパマンショップで知られる三光ソフランホールディングスの高橋誠一会長も、15歳で「必ず億万長者になる」と決めています。高校1年のときです。

ちなみに三光ソフラングループは、国内および中国、フィリピン、インドネシア、マレーシアで建設不動産事業、介護事業などを進めています。

グループ15社すべてが黒字（うち2社が上場企業）、直近10年で売上が10倍に伸びるなど、驚異的な成長を続けています。

高橋会長は現在もグループを陣頭指揮しており、爆発的な高齢化を控えた中国では介護療養型施設の運営をスタートさせ、ジャカルタ郊外には、日本人向けサービスアパートメントをオープンしました。

その高橋会長の小気味の良い、半生の行動をかいつまんでご紹介しましょう。

高校1年で「億万長者になる」と決心し、それを実現した男。とてつもなく稼ぐ人間の行動として、好事例になるはずです。

高橋会長は埼玉県大宮市（現さいたま市）に、太平洋戦争が終わった1945年（昭和20年）に生まれました。実家はお米屋さん。幼いときから数字に強く、早くから、父親は末っ子である高橋会長を跡継ぎにしたいと考えていたようです。

しかし高校は、商売とは関係のない大宮工業高校電気科。ここから、東京電機大学電気工学科に進学。「将来、億万長者になる」と決心していた学生時代には、ナポレオン・ヒル、リー・アイアコッカ、ヘンリー・フォード、デール・カーネギーなど、億万長者の自伝を片端から読みました。これらの自伝を読んでわかったことは、

「結局、コツコツ、やるしかない」

きわめてシンプルな真理だったといいます。

4年生のとき、電気会社に就職先も決まり、5年くらい修行して、いずれは独立しようと考えていましたが、折りも折り、家業の米屋がピンチに陥ります。60歳と70歳の社員が、「もう歳で米袋が持てない」と辞めてしまったのです。

やむを得ず、高橋会長は卒論を書きながら店での作業を手伝うのですが、補充の従業員

がなかなか決まりません。父親は高橋会長に一切商売をやってくれとはいいませんでしたが、就職先が決まっていた高橋会長は決断に迷っていました。

3月に入っても事態は進みません。そこで高橋会長は、結論を出します。

「5年間だけ、米屋をやろう。それでだめなら米屋をあきらめよう」

これが結論でした。父親にそれを伝え、同時に2つの条件を出しました。

給料は大学出の給料の5割増しであること。

自分の自由に経営させること。

米屋の売却を考えていた父親は、むろん、ふたつ返事で了承です。

翌日、就職するはずだった会社に事情を説明し、納得してもらいました。

高橋会長は、自分の人生は自分で決めたいと考えていたので、もし父親から継ぐようにいわれていたら、絶対にそうしなかったでしょう。

自由に経営させてくれる約束だったので、高橋会長は商売のやり方をどんどん変えていきます。最初にやったのは、米を一律、定量（10kg）の袋づめ販売にしたことでした。

この行動は少し説明が必要でしょう。

当時はまだ、戦前から長く続いていた米の配給制度が完全には終わっていなくて、「1

か月に必要な量が家族一人に何キロ」という計算で売るやり方でした。

4人家族なら16kg、3人家族なら13kgという具合で、それを通帳（米穀類購入通帳）に書き込んでいくのです。要は、家々で必要なお米の量がばらばらで、販売が煩雑なのです。

当時、一般に、米屋さんがどういう商売をしていたかといえば、お得意さんを従業員が手分けして回って注文を取り、受けた注文は一軒ずつ量って袋づめにし、それを届けるという形でした。

なかには、届けると留守にしている家もあります。米袋は玄関に置いてきますが、代金引換ですから、何度も集金に行く必要が出てきます。たいへん非効率です。

そこで高橋会長は考えました。

お米をすべて一定量の袋づめにして販売すればいい、と。そこで、10kgの袋づめにし、注文取りに行ったときに、その場で商品を渡して、同時にお金をもらうようにしたのです。

その家の家族構成で、渡す袋の数を塩梅します。たいへんに効率的です。

ですが、お客さんからは「いつも16kgもらっているのに、どうして今度は10kgが1袋？」と、当然の疑問が出ました。これに対して高橋会長は、

「いや、リンゴも皮をむいて、時間がたつと味が落ちるように、お米も精米して長く置く

と、味が落ちるんです。**うちはお客様のためを考えて、２週間以内で食べきれる分だけ、お届けすることにしました。**２週間までは、お米は味が落ちませんから。足りなくなったら、いつでも連絡してください」

この説明で、だれもが納得してくれただけでなく、お米の味落ち予防まで考えた配達が好評を得たそうです。

頭のいい人というのは、目のつけどころが違うものです。

世間の常識、業界の常識は関係ない。お客様のためならば、それが常識になる。

常識を裏返する「逆転の発想」が生まれる。
だが改革改善は、お客様のためであることが重要だ。

住宅ローンを知らない不動産会社の社長がいるのですか？

ところで、米屋の経営をしながら、実は高橋会長は不動産業にも手を伸ばしていました。

不動産業の世界に入ろうかと考えた背景には、冒頭の國分社長や山下さんと同じ、シンプルな「欲求のうごめき」があります。

というのは、米屋の経営を始めて、支店を何店か出し始めたころ、夏だったといいますが、注文を受けて、ある不動産屋に米を届けたときでした。

店に入ると事務員がいて、その奥では不動産屋の社長がワイシャツ姿でアイスコーヒーを飲みながら、甲子園の高校野球をテレビ観戦しています。

ふと見ると、外には社長の自家用車らしい、高級乗用車が止まっています。

これを見て、27歳の青年だった高橋会長の胸に、

「不動産業とは、こんなに儲かるのか」

という思いが、天啓のように宿ったのです。

米屋は地道で堅実ではあるが、一定額しか儲からない、と思っていたところで、一瞬のうちに高橋会長は不動産業への進出を決意しました。不動産業をするには「宅地建物取引主任者」の資格が必要だとわかり、勉強をして翌年取得しました。

このころには、米屋は社員が20人くらいに増えていましたので仕事を振り分け、毎週月曜日の朝の会議で指示を出すだけにして、たった一人で不動産屋をスタートさせました。

とはいえ、米屋とはまったく違う世界ですから、スタート時は迷走の連続です。契約書の書き方がわからない、謄本の意味も知らない、と「ないない」づくしの中で、銀行で「住宅ローンって何ですか」と聞いたときには、さすがに銀行員が高橋会長の名刺を眺めなおしたといいます。

「不動産屋の社長が、住宅ローンを知らないんですか」

始めたばかりで何もわからないのです、と正直に答えると、その若い銀行員がていねいに教えてくれました。

そんなスタートだったのですが、売買の仲介中心のはじめの1年は、自分の給料分を稼ぎ出すのがやっとだったといいます。それでも不動産の世界が少しわかってきた高橋会長は「建売住宅」で儲けようと考えます。

建売住宅なら、まず土地が必要です。折りよく50坪の土地1千万円という物件が見つかりました。でも、銀行が「実績がないから」と融資してくれません。しかたなく兄弟4人からの借金と自分の持ち金で、ようやく土地を手に入れました。

この土地に2戸の建売をつくる計画でしたが、今度は家を建てるお金がありません。

そこで、知り合いの大工に「売れたら払う」という条件で、建ててくれないかと頼むと、気前よく「いいよ」の返事。この家は1戸1200万円で売れました。

土地代、建設費で、1戸当たりのコストは1100万円でしたから、各100万円、計200万円の利益が出ました。米屋に比べて、儲かる商売だ、と思ったとのことです。

これ以降の高橋会長の建売商売は、とんとん拍子です。35歳のときには、社員が5人で40戸の住宅を販売しましたが、戸数が多いのでコストが下がり、1戸当たりの利益は500万円に達していました。40戸で2億円の粗利です。

でも、ここで高橋会長の心に疑念がわきます。

「商売を始めたばかりで、こんなに儲かっていいのか?」

何か変だ、と建売住宅販売から、一気に撤退を決めました。

これ以降、高橋会長は注文住宅に路線を変更するのです。

また、高橋会長は、東日本大震災が起きたときには、国からの要請を受け、会長をしている全国賃貸管理ビジネス協会の協力を得て東北三県にアパート・マンションを10万室確保、被災者への「みなし仮設住宅」として提供しました。これによって、同数の仮設住宅をつくる必要がなくなり、国の出費は2千億円ほど節約された計算だといいます。

そのほかにも、2000年に介護保険法が施行されたのを機に介護ビジネスに参入し、10年後にはグループホームが154棟へ。さらに介護事業が拡大していく中で、病院があったらもっと介護がしやすいと病院経営も始めました。

まず目的とする世界に入ってみよう。必要な情報や手段は、徐々にでも遅くはない。

必要な分野だとわかれば、新事業を展開する。
そこには無理というものがないのだ。

億万長者の行動とはどんなものですか？

「会社を成功させたい。儲けたい」

そう願う経営者は、男性、女性に関係なく、たくさんいます。

その方法さえわかったら、とだれもが思うでしょう。

高橋会長の成功哲学は、非常にシンプルです。

「自分だけ儲けようとしたら、うまくいかない」

この言葉に尽きます。そう考えていますから、すべてがあけっぴろげです。

去年、三光ソフランググループに、鬼より怖いと称される国税（国税庁）の税務調査があったそうです。マル査とは違うのですが、40人の税務署員が約1か月（延べ1200人）調べました。高橋会長は、それぞれの会社の社長に経営は任せている立場です。

ふつうならば15社もありますから、1社や2社は、何かの不正が出てきてもおかしくない状況です。ところが、結局は何も出てきませんでした。

私が、それはなぜですか？　と尋ねたところ、このような答えが返ってきました。

「うちは、オープンだから。お金の使い道もすべてオープン。役員も社員も同じように、何棟のアパートを持っているか、だれもが知っているからだろう」

そのような答えでした。

アースホールディングスの國分社長も、

「儲けすぎたら、うまくいかない」

といいますし、売上から何からすべてあけっぴろげです。よく似ています。

トップがオープンだから、社員もまっとうにやろうという気持ちになるのでしょう。

目先の節税で売上を飛ばしたり、関連会社につけ替えたりということをしている会社は、私の経験でも伸びていません。

伸びる会社の経営者は、お金の使い方がきれいです。

高橋会長のお金の使い方でおもしろいのは、地主の息子と娘（および不動産会社や取引銀行推薦の独身者）を対象にしたお見合いパーティーです。10年前からといいますが、帝国ホテルを会場にして、5月と11月の年2回、おこなわれています。

パーティー費用は平均1人3万円かかります。でも、参加者からは男女平均7500円しかもらいませんから、毎回220万円が赤字になります。

この赤字の補てんは、高橋会長の全国賃貸管理ビジネス協会の関東支部が出します。

最初は人集めに苦労したそうですが、こうした仕組みがあると、後継ぎ問題で悩んでいる人や結婚相手に恵まれない資産家から喜ばれますし、協会のファンが増えて、いずれは協会傘下の企業の管理物件の増加につながります。

高橋さんの半生の行動を駆け足で見てきましたが、ものの考え方で特徴的なのは、長期の視野に立っていることです。

いまの目先が儲かるかどうかは見ていません。

でもそれによって、米屋も不動産業も成功し、グループ15社もすべて黒字企業です。

高橋会長がおこなっている「財産ドック」や「お金持ち大家さん」のシステムにしても、いずれも資産を増やす仕組みですが、何十年という視野の中で、つまり一生の相の下に、資産を増やしていくシステムです。

バブル期の多くのダメな不動産会社のように、売った買ったで目まぐるしくキャピタルゲイン狙いをしていくのではなく、月々の家賃というインカムゲインを得ていく、堅実きわまる投資システムです。

高橋会長はこうして、非常に地道に、お客様のためを追求しながら行動してきました。そして、53歳のときに一気に運がよくなり、運命が変わったといいますから、たいへん勇気づけられます。

短期で、目先で、儲けようとする行動は、必ず失敗します。

もっとも悲劇的なサンプルは、20年ほど前から「アメリカ型経営管理手法」を導入した企業でしょう。当時、アメリカの企業は好業績を上げていたために、バブル崩壊で低迷していた日本企業の多くがこれを導入しましたが、なかでも問題だったのは、短期で利益を出そうとする「超短期志向」でした。

アメリカ流、株主優先の四半期決算で利益を出さなくてはならない、という超短期志向は、中長期の戦略を忘れさせました。

その代表的な被害事例は、世界的な先端企業から没落したS社といわれていますが、最近は、短期の儲けを狙って失敗するプロ経営者も話題になっています。

長期の視野と、それに基づく行動が、やはり最後には勝つということでしょう。

短期、目先の損得で
行動するのはやめよう。
長期的な視野に立った
行動にシフトするのだ。

「一生の相の下で」という行動からしか、
永続的な成功は生まれない。

どうすればムダのない行動ができるのですか？

できる人というのは、「決断が速い」ということが、しばしばいわれます。

高橋会長を見ても、行動がたいへんに素早いということが際立っています。

最近のインドネシア・ジャカルタにタワーマンション群を立てる構想にしても、中国に介護施設を100棟ほど建てる計画にしても、ある日、突然「やるぞ！」という一声とともに決定がくだされ、一気に行動が始まりました。

方針を決めたら、すぐに行動です。しかも、その方針決定で、これまで間違えたということがありません。拙速ということがないのです。

ただ、よくよく聞いてみると、そもそも「速い決定」ではなかったのです。

外から見ていると、そのスピーディーな決断は思いつきのように見えるのですが、まったく逆だと、本人はいいます。

「おれはね、ジャカルタのタワーマンションにしても中国の介護施設にしても、何か月も、

1日24時間、寝ずに考えているんだ。

で、結論が出たときに、社員の前でパッと、これをやる、という。だから、それだけを見ている社員は、思いつきでいっていると思うけれど、ぜんぜん違うんだよ」

高橋会長はそういうのです。

いってみれば、ある日、言葉として出る事業の決定宣言は、海面から突き出た、氷山のようなものかもしれません。その氷山を支えている海面の下には、大きな氷の塊がドンと腰を据えているものなのです。

海面上の氷山を支えている大きな塊は、何か月も考え続け、練りに練った計画そのもの。けっして思いつきで、口に出したことではないのです。

高橋会長のベッドの枕元には、いつも大きな紙と赤のボールペンが置いてあるそうです。

横になりながら考えたこと、ひらめいたことを、すべて、その紙に書き記します。

思考を言葉に落とし、紙に記録するのです。

朝、目覚めてから、それを眺め、整理します。整理の基準になるのは、中長期の経営計画です。あるいは会社のビジョンです。それに合わないものを省いていきます。

基準がなければ、行動そのものに一貫性がなくなり、ムダばかりとなります。

そのようにして整理したものをしっかりと頭に入れます。その繰り返しです。

こうやって真剣に考えすぎるとさすがに疲れますから、ゴルフに行ったり旅行に行ったりして息抜きをするそうです。そのようなときに、ひらめくこともあるとのことでした。

実は私も同じようなことをしています。私ごときのことはどうでもいいのですが、実体験談としてお伝えします。

朝、起きて、今日やるべきことを、スケジュールなどを下敷きに、6項目メモ書きします。書き出すということ、ペンを使って書くという行為、これは無意識下で考えているのと同じです。

あれも、これも、やらなければいけない、と、日常は黙っていても忙しくなりますが、そのままだとわけがわからなくなります。頭の中で考えているだけでは、思考が流れるだけで整理はできません。そこで、紙に書き出すと、整理ができます。手を動かすと、脳が働き出して考え、整理ができるのです。

書き出したら、じっと眺めて、重要度が高いと思われる順番に番号を振ります。

もちろん、6項目をすべて今日中にやることは無理ですから、翌日に、また書き出して、優先順位をつけてふるいにかけるのです。

同じ失敗をしないために、そういう作業を繰り返しているのです。
「準備」「実行」「後始末」の3段行動といっていいでしょう。
後始末というのは、後片づけではありません。振り返りです。
だれも見ていないところで、たいへん地味なことをやっているのです。

基準となる思考を紙に落とし込み、つねに自分の目的と照らし合わせよう。

じっくりと考えた末の結論は、
しっかりと建てられた建造物のような重みがある。

時間の家計簿とは何ですか？

人生がうまくいっている人というのは、行動にムダというものがありません。

人間にはだれにも４つの資源があると私は思いますが、彼らはその４つの資源をムダなく効率的に使って行動しています。

前に触れましたが、４つの資源とは「お金」「スキル」「人脈」「時間」です。

だれもが持っている、この４つの資源を投資して、人生をよりよくしていかなくてはなりません。うまくいっている人は、この使い方がうまいのです。

資源の中で時間だけは、すべての人に平等に与えられています。ひとしなみに１日は24時間、１週間は７日、１年は３６５日です。

問題はこの平等な時間を、どう使うか、という、その使い方です。使い方次第によって、時間の価値がまったく違ってきます。長い人生で、大きな差になってきます。

時間をどう考え、どう使うかは、人生をどうとらえるかに直結するのです。

私の知っている、うまくいっている人たちは、例外なく時間について自分なりの考えを持ち、その人らしい使い方をしています。

ある事業家は、すべてを先に先にと前倒しをして、スピード感いっぱいで生きることを基本方針にしていますし、別の事業家は時間の使い方を徳川家康に学んだといいました。スピードよりも着実に、ということでしょう。

時間に真剣に向き合うことは、人生を自分らしくつくっていこうという思いの表れです。つまり「時間」とは、どう生きるか、というその人の人生観にほかならないのです。

どのようにして、よりよい人生をつくっていくのか。

それを考えることが、自分の時間の価値を高めることにつながるといってよいでしょう。

極力、時間をうまく使うために、私は「時間の家計簿」をつけています。会社のスタッフにもすすめています。

時間の家計簿というのは、お金の家計簿と同じように、1日をどんな行動に、どんな人との面談に、時間を何に使うのか、および何に使ったかを記録していくことです。会社でいえばスケジュール表と日報がそれにあたります。

営業のスケジュールに関しては、私はサラリーマン時代から綿密に立てました。いい加減な予定を立てていたら、結果もいい加減だと知っていたからです。

いまでもスタッフにいっているのですが、売上を上げようとしたら、全部、数値で考えなくてはなりません。売上の方程式は、

「顧客数×単価×購入回数」

で表すことができます。物販でも、私たちのような保険の仕事でも同じです。

これに数値をあてはめます。

保険営業で、月に200万円の売上をつくろうというとき、顧客数10人なら単価20万円となります。平均20万円の商品を10人に売ればいいわけです。

効率性を高めようとすれば、顧客数を少なくして、単価を上げます。

顧客数10人としたら、見込み客は20人で、成約率を50%と見込みます。

さてここからが問題ですが、稼働期間（時間）は、月に4週間あります。

ふつうならば、4週間平均で20人の見込み客に会おうとします。すると、各週5人ずつとなりますが、このやり方だと失敗します。急なキャンセルなどがあるからです。

私がスタッフにすすめているやり方は、先に先に、という時間管理です。

はじめの週7日間で20人に会いなさい、ということです。

以前、1日2人以上とは会わない、といっていませんでしたか、と思われる方もいるかも知れませんが、それは私の営業スタイルで、まだ若いスタッフには適用できません。

1週間に20人。休養やキャンセルに備えて予備日を2日間とりますから、5日間で20人、1日4人です。あとの3週間はフォローとクローズにあてます。

先に先にと、時間価値を高める行動予定を立てれば、慌てることはありません。

サラリーマン時代、私は第3週までで計画を完遂させ、月末までの残り日は翌月の仕込み（見込客に会う）時間にあてていたものですが、うまくいかない人間は、月末の29日、30日になっても客をつくりに出かけていました。

計画は思いどおりにはいかないものだ、ということを前提に日程を決めていくことによって、アクシデントがあっても、余裕をもって対処できます。1週間のうちに思いがけない邪魔が出てきても、2日間の予備日があれば、何とかなります。

できない人間ほど油断するものです。根拠もなしに、「うまくいくだろう」と考えてしまいがちです。だから、予備日をつくりません。

できる人間というのは油断しないのです。「うまくいかない何かが必ず起こるはずだ」と警戒しながら仕事をしています。

危機管理の専門家の言葉にこのような言葉があります。

「悲観的に準備をし、楽観的に行動する」

だから、先ほどの目標の数字でいえば、月に200万円の売上を目標とした場合、私ならもっと上の300万円、400万円に設定しておきます。

最初から200万円に目標をかぎってしまったら、そこまで届かないこともあるのでは、と警戒するのです。そうして日程を組んで行動すれば、余裕で200万円の目標をクリアすることができます。

1週間は5日間、1か月は3週間と考え、先へ先へと、前倒しで行動予定を立てよう。

時間という資源の価値を上げることは、運命を転換するために不可欠だ。

隠れコスト「機会損失」とは何ですか？

私たちの持つ資源のうち、「人脈」も大きなファクターを占めています。

この世の中で、だれと付き合うか、だれと生きるかは、大変に重要なテーマです。

サラリーマンになりたてのころ、つき合う人についての基準を尊敬する先輩から教わったものでした。


「優秀な人とだけつき合いなさい。そうすれば、お前でも、人生何とかなる」


お前でも、といういい方が引っかかりましたが、なるほど、優秀な人とだけおつき合いすればいいのかと思ったものです。以来、この言葉を旨として生きてきました。

その後、私は「優秀な人」をさらに分類して、次のような3種類の方々とおつき合いするようにしています。

まず、メンターです。自分にはない才能や技術を持ち、あらゆる失敗や挫折を乗り越えてきた先輩たちです。私には、年収が億超えをしている方々もメンターとしておられます。

次がパートナーです。私と志を同じくして、進む方向が同じ人たちです。お金も才能も分かち合う仲間です。

それから、弟子です。弟子は会社のスタッフとは違う立場にあります。お金は関係なしに、価値観や理念を共有できる人、ともに夢を見ることができる人です。

この中で、パートナーと弟子については、日常的な仕事の中で見つかりますが、難しいのは、メンターです。

「この人はメンターだ」とピンとくる人物に出会ったとき、どのように対応したらよいかです。普通のあいさつ程度の言葉を交わして、それですれ違っていたら、おつき合いはできません。メンターになっていただけません。

私がメンターとして尊敬する一人に、何度か登場していただいているアースホールディングスの國分利治社長がいます。この國分社長との出会いは印象的でした。

数年前、あるテレビ番組に同席させていただいたことがあるのですが、このときが初対面でした。番組は夜の11時半過ぎに終了しました。

美容業界で第2位の地位を占める美容室グループの総帥として、注目を集める人物でしたし、その生き方、事業のやり方に感銘を受けていた私は、この機を逃してはならないと決心していました。成功した秘訣を教えてもらおう、と考えていたのです。

同行していた当社のスタッフは、國分社長は多忙な方で、このあとも別の予定が入っているようです、と私を制止しようとしましたが、

「何をいっているんだ、こんなチャンスは二度とないんだ」

私はそんなことはお構いなしに、國分社長にお願いをしました。

さいわい、國分社長の行きつけのバーで、深夜の2時半までおつき合いしていただくという幸運を得たのでした。

私がこのような行動を取ったのには理由があります。

失ったチャンスは永遠に二度とめぐり来ることはない、だからチャンスだと思ったら、どんなことをしてでもいいからゲットしに行け、という教訓です。

機会損失ということです。これもメンターから教わったことです。

同行した社員のいうとおりにして遠慮していたら、二度と國分社長と親しくするチャンスはなかったことだろうと思います。

それに加えて、あれほどの成功者には、猪突猛進するものがあっても、むげには拒むことはしない、度量の広さ、器の大きさというものがあると信じていました。

優秀な人とおつき合いいただく、運命を好転させるためには、ときに、こうした猪突猛進、遮二無二の行動があってもいいと思うのです。あのときにお願いしたおかげで、國分社長からは、いまでも貴重な教えを受けることができているのです。

行動した後悔よりも、行動しなかった後悔のほうが深い。とにかく行動してみよう。

幸運の女神には前髪しかない、とおり過ぎたらそれまで、という言葉は、機会損失のことを語っているのだ。

人脈づくりのポイントは何ですか？

人脈に関することで、うまくいっている人たちに共通することは何かを考えてみました。

すると、この共通項の最初にあげたいこととして、意外にも彼らが、

「一人で勝とうとは考えていない」

ということがあります。一人でやっている人はだれもいないのです。

これが「人脈づくり」を大切にする行動につながるのですが、現代は才能をシェアして、チームで勝ちにいく時代であることを、彼らがよく知っているのです。

この考えから、彼らの人脈を重要視する行動が導き出されています。

つまり、うまくいっている人たちは、人との出会いにたいへんなエネルギーを注いでいるのです。ほぼ毎日、だれかと会食する時間を持つ事業家さえいます。

その際の出費は、自分持ちなのはいうまでもありません。

そこまでして、人脈づくりに熱心なのです。

この行動の根底には、万能の人間、完全な人間などは一人も存在しない、という考えがあります。

自分一人では、事業は成し遂げられないことを知っているのです。経験や知恵の足りない分は、他人の力を借りなくてはなりません。周囲の協力を得て、大きな成果を上げるために、時間とお金を人脈づくりに注いでいるわけなのです。

うまくいっていない人というのは、残念ながらこの「他力」がいちばん欠けていると、私は思います。人間関係の構築、人脈づくりのために行動することが少なく、一人でがんばってしまう傾向があるのです。

最初はそれでもうまくいくかもしれませんが、永続することはありません。私の父のように、苦しくなって、いずれ潰れてしまいます。

うまくいっている人の仲間に入りたいなら、人づき合いにもっと熱心になることが必要です。もちろん、何をするにしてもコストが必要です。

人脈づくりでのコストとは、相手に有益な情報、価値ある情報を提供することです。

相手は、有益で価値ある情報をもらうことによって、自分の価値が上がるのですから、情報の提供者は貴重な存在となります。

中国地方で27店舗の美容室チェーンを展開して成功しているHさんは、自分のノウハウをすべて同業者に公開しています。

流行を把握する方法や、技術の向上の仕方をはじめ、経営のノウハウまで、実例を紹介しながら同業者に情報提供しているのです。

Hさんの場合は、人脈づくりが目的ではなく業界の活性化のためですが、こうしたノウハウを独占していても、いいことはひとつもない、というのです。

みんなが自分の殻に閉じこもってしまったら、業界が廃《すた》れてしまう、そうしたら長い目で見て、自分にとってもプラスは何もない、と。

自分が長い時間をかけて培ってきたノウハウを出し惜しみせず、みんなで分かち合い、協力し合って、ともに成長することが、最終的には、業界も自分も繁栄する道だというHさんのもとには、当然、多くの人が集まってきます。

彼の分かち合いをポリシーとする人間性が、強い求心力となっているのです。

その求心力による人脈が、より多くの情報の集積をもたらし、結果的に、Hさん自身の価値を高めているのです。

手に入れたものは、人に与えよう。分かち合って、どんどんシェアしよう。他力を活かして、皆で成長するのだ。

万能な人間、完全な人間などいない。
だから、多くの人と協力し合うのだ。
相手に有益で、価値ある情報を
与えてくれる人間に、人は集まるのだ。

「お客様の背後を考える」とはどういうことですか？

もう一歩踏み込んで考えることは、何ごとでも重要です。

人脈というものを、うまくいっている人から、私たちのレベルに引き戻して考えますと、つき合う人によって、私たちの運は左右されている側面があることに気づかされます。

人生でうまくいったとき、だれとつき合っていたか。どんな人と仕事をしていたか。反対に、人生が下り坂のときは、どんな人と仕事を共にしたのか。

そういう、一種の人生の後片づけをしてみたいものです。

「片づけ」の近藤麻理恵さんと出版の修行をしていた際の同期生であることは前述しましたが、片づけ＝片をつけるというのは、近藤さん流にいえば、

「ときめくか、ときめかないか」

を決めることです。

人づき合いでも同じです。あるときに、よいつき合いなのか、よくないマイナスのつき

合いの人なのか、片をつける必要があります。そうしないと、いつも同じ失敗をしてしまうリスクがつきまといます。

つまりは、片づけをしないと、運命が変わらないのです。

ここから一歩進んで、つき合う人をテーマとした人生計画が重要になります。**どんな生き方をしたいのか、そのためには、どんな人とつき合ったらよいのかを考えるのです。**

自分の将来の目的のために、選りすぐった人と会わなくてはなりません。

たとえば、営業の仕事に携わっているならば、この片づけ行動はもっと大切になります。

私はこれを「目利き」といっています。

一種のマーケティングの考え方で、この人とつき合ったら、将来、何が実現するのかを考えることです。何の目的で、その人に会うのか。つき合った先のどんな展開が可能なのか。それを考えるのが目利きです。

わかりやすい例でいえば、当社の笠井裕予が「マネーキャリアコンサルタント協会」をつくりましたが、笠井はその協会を拡大してくれるような人と会えばいいわけです。

協会では講師を養成する必要がありますから、講師となるにふさわしい人と会わなくてはなりません。

そのような**短期、中期、長期の目的に合わせて、つき合う人を選択していくということです。だから目利きとは、選択です。**

目利きについて、私が会社のスタッフにいうのは、目の前のお客様から注文をもらうよりも、そのお客様の後ろに、どれだけの人がついているか、その展開を考えなさいということです。

展開がない、つまりは広がりを考えていない営業は、ダメな営業の典型です。

私たちの営業にかぎらず、仕事というのは、お客様（ファン）を増やすことと、注文をもらう（買っていただく）こと以外にないのです。

ですから、まずはお客様を増やさなくてはなりません。

それも、できるだけ効率よく、より多くのお客様を獲得できる方法を考えなくてはならないのです。

であるならば、一人のお客様で営業が完結するのではなく、つまり「点」としてのお客様でなく、そのお客様の背後に連なる展開、すなわち「面」まで考えた戦略を実行するしかないのです。

豊かな人脈を背後に持つ人を「目利き」して、自分のお客様にしていけば、あっという間にトップの成績を取ることができます。当然の話です。

この真理を知っている人は、惜しげもなく資本を投じて、人脈づくりをします。

同じ外資系生命保険会社の先輩で、チャンピオンになったNさんは、35歳で大手メーカーから転職した人ですが、このときに退職金を600万円もらったそうです。

Nさんは、新宿のビジネスホテルに泊まりこみ、退職金を元手に、連日連夜、県人会や大学の同窓生を訪ね歩いて、人脈づくりをしました。その600万円をすべて人脈づくりに投資したのです。

このNさんから、いろいろとヒアリングしたことがありますが、Nさんの行動はいつも徹底していて、アリスの「チャンピオン」を目覚まし代わりにするだけでなく、車の中でも毎日、何十回となく聞き、「自分は絶対にチャンピオンになる」と自分にいい聞かせていたとのことです。

それほどの人ですから、600万円もの大金を人脈づくりに投じられたし、実際にチャンピオンになれたのでしょう。

セールスのトップを極めることができたのですから、600万円の投資も、けっして高いことはないのです。

短期、中期、長期の目的に合わせて、つき合う人を「目利き」しよう。効率的に人脈を構築していくのだ。

豊かな人脈を持つ人をお客様にすれば、あっという間にトップの成績が取れる。

過去の自分と向き合うとどう変われますか?

あなたは、どんなメンタルブロックを抱えていますか?

過去にマイナス経験があり、それによってメンタルブロックのかかっている人は多いはずです。過去が光り輝いて、それを誇れる人はむしろまれで、マイナス面にとらわれている人が圧倒的に多いと思います。

そのような人がメンタルブロックを外すには、過去に対する考え方を変えるしかないと考えています。

過去というものを考えたとき、いちばん明確にしなくてはならないのは、過去はすでに決定されていて、変えられないということです。

親のいったこと、教師のしたこと、そういう身近な人の言動でメンタルブロックは生まれてしまうものですが、彼らの言動はすべて過去のことにすぎません。

その過去に縛られていては、いつまでたっても自由になれません。

問題をつくり出しているのは、相手ではなく、あなた自身であることに気づくべきです。

考えてみれば、動かすことができない「過去」なんて、どうでもいい代物です。現在や未来に比べたら、放っておいていい、あるいは放っておくしかない遺物です。

そう考えれば、少しは過去との決別がしやすくなるのではないでしょうか。

そういう過去のとらえ方ではなく、私は「過去」を「未来」のために、もっとプラスの方向で活用したほうがよいと考えています。

過去からマイナスを探すのではなく、過去からプラスを積極的に探してくるのです。そうすれば、失われていた自信が回復します。自分に暗示をかけて、「こういう優れた点が自分にはある」と思い込むのです。

たとえば、子どものころ、ほめられたこと、得意だったこと、好きだったこと、自分ができたことなど、幸せだった記憶をたどり、こうした過去のプラスのことを、できるだけたくさん集めてみるのです。

「気がきくね」「やさしいね」「国語が得意だね」

さまざまなプラスの言葉を、かけられてきたはずです。

それを単に思い出すだけではなく、それらを紙に書き出すと、より効果的です。

そうすれば、すっかり忘れていた、自分の得意分野や、とても評価されていたことなどが整理できるはずです。

とにかく、一歩を踏み出すことです。さまざまな方法を使って、過去の経験によってつくられたメンタルブロックを外す努力をしたほうが、人生を実りあるものにできます。

過去にほめられたこと、得意だったこと、好きだったこと、自分ができたことを思い出して紙に書き出してみよう。必ずダイヤモンドがあるはずだから。

過去はマイナスばかりと卑屈になることはない。
どんな人でもプラスの言葉を持っているはずだ。

マネることの良さは何ですか？

あなたが、てっとり早く「過去の自分」と別れる方法があります。

過去に決別して、新たな一歩を刻もうとしたとき、優秀な人がしていることを「まねる」ことです。過去に決別して、と大げさに考えなくても、通常のスキルアップ、ワンランク上の仕事を目指すための方法としても、たいへん効果があるものです。

うまくいっている人の生き方や仕事のやり方を素直にまねてみると、いままでの自分の「間違い」に気づくのです。

私もサラリーマン時代の損保会社を退職して外資系生保会社に入ったばかりのとき、お願いして上司に同行してもらいました。この年には、1年目で15の代理店を開拓して、新記録をつくったのですが、転職直後には生命保険のことがよくわかりません。

スキルがまったくないために、アポだけ自分でとって、面談は上司にすべて同行してもらったのです。もちろん、上司のやり方をまねることが目的です。

上司の横にいて、対話の内容はすべて録音しました。録音した内容は、帰ってから文章に書き起こし、さらに自分なりの営業資料にまとめました。何度も読んで頭に入れ、次からは自分がそのままできるように練習しました。

上司やベテランと営業に同行したときは、自分のいたらなさを振り返るチャンスです。ただ、このときに経験したことは**一つ残らず「自分ごと」だと考えて聞かなければ実になりません。自分がプレゼンしているつもりで、その場にいないと、言葉が入ってきません。**

当社のスタッフは、私がお客様へのプレゼンなどで連れ出すのですが、まだ他人ごとのような気持ちで同席しています。次には君がやってみなさい、といって同行しても、最後まで話し切ることができません。

このお客様は自分には無理、手に負えない、江上さんでなくてはできない、と思い込んでいます。心の姿勢からして負け犬根性です。自分が話すつもりになっていないのですから、私の言葉やお客様とのやり取りも、覚えていないのです。

真剣に向き合わせるために、彼らにはメモも取らせないようにしました。文字にしたら、書き残したことで油断してしまうのです。その場で、覚えなさい。覚えられないのなら、録音して、あとで振り返りなさいといっています。

私のまわりのうまくいっている人というのは、自分とは違う業界の話を聞いても、それを自分に置き換えることができます。自分なら、こうすると、一瞬のうちに変換する能力を持っているのです。

まねることが上手な人は、例外なくこの「変換力」があります。

だから、同行していて、「自分ならば」と頭が機敏に働いて、その場に同席していることが一つ残らず無駄にならないのです。

まねるは学ぶに通ずるが、自分なら、という意識を持とう。

いい話も、悪い話も、
「自分ごと」に変換しなければ、
何の実にもならない。

お金持ちに愛されるには何が必要ですか？

「まねる」ということの意味を、もう少し極端な例で追加しましょう。

私の講座に参加する人というのは、基本的に、なぜ江上は富裕層をお客様にできるのかを知りたいわけです。知るために参加しています。

そこで私は、講座の初日に、「やりたいことを、何でもいいから書きなさい」と生徒に投げかけます。

すると、「フェラーリを買いたい」と書いた生徒がいました。私と國分社長の対談を見た生徒です。年収も2千万円くらいあります。

「なら、いますぐ買ったらどうなの？」といったところ、

「いや、いますぐは…」と口をにごしましたので、重ねてつめ寄りました。

「君は本当に買いたいの？　本気で実現したいと思ってるの？」

「そういわれてみると、そこまでではないかもしれません」

それは君、自分の可能性を否定することになるよ、と指摘しました。

國分社長をお客様にしたいのなら、國分社長のようになりたいのなら、國分社長と同じ服を着て、同じことをやってみなさい。

真っ赤な服で、フェラーリに乗るくらいのことをしなくてはダメだ、と。

それをしないから、富裕層をターゲットにしても、彼らが目の前に現れたら話題が何もないのです。國分社長とも何も話せなくなるのです。

その人と同じ思考、同じ趣味、同じ経験、同じ悩み、同じく社長として人を雇った経験、どんなことでも、ひとつでもいいから、同じ目線に立てるものを持っていなければ、話はできないものです。

小さな話ですが、当社の社用車は、レクサスです。私は車には興味がないのですが、スタッフがお客様に会ったときに、たとえばレクサスのオーナークラブの話で、ひとつのコミュニケーションが取れるのです。

飛行機に乗るにしても、ファーストクラスやビジネスクラスに乗るといった経験を持たなければ、小さな話題にもなりません。

自分の狭い人生だけを生きようとしているから、いつまでたっても、お客様と同じ目線にはならないのです。人生観とは、だれのために、何のために生きているのか、ということです。お客様と、同じ人生観、同じ価値感を持たなくては、話ができなくてあたりまえです。

自分の可能性を低く見積らず、可能性を広げる行動をすることです。

お金持ちをファンにしたければ、彼ら、彼女らの人生観を何かひとつでもマネてみよう。

ビジネスの世界では、
思い切って同じサークルに入り込む、
という勇気が求められる。

どうすれば本番に強くなれるのですか？

本番に弱い、という人がいますが、その原因はたいていひとつです。

それは、準備不足以外にありません。

私は自慢ではないですが、お客様の言葉は残らず覚えています。一人ひとりの食べ物の趣味、嗜好、よく行く店などをヒアリングして記憶しています。なぜ忘れないかといえば、事前の情報を頭に入れておいてから、面談に臨むからです。

私の講座に来る生徒さんで、MDRT日本会（卓越した生命保険と金融サービスの専門家の組織）の会員でもある菅原さんという方がいますが、彼のノートを見せてもらい、「さすが…」と感心しました。

ある社長に引き合わせたときでしたが、私から聞いた情報、自分で調べた情報がきれいに整理されていました。話題で困らないように、社長との共通項が書いてあるのです。くわしい内容は書けませんが、共通項を押さえておけば、会話が滞ることはありません。

彼が秋田県、K社長は福島県と、同じ東北の生まれという共通地盤がありましたから、話も弾みました。ちょうど新宿の有名デパートで福島展をしていましたが、彼は福島の桃をお土産に持って行きました。

「できる人だね、だから連れてきたんでしょう」

社長も喜んでいましたが、できる人の下準備の凄みを垣間見せてくれた一件でした。

私も社長と会うときには、だいたい事前に彼の秘書に電話を入れて、いま社長が何に興味を持っているのか、体の調子は、機嫌はどうかなどをヒアリングします。

逆に、**事前情報を仕入れてからでなければ会わないようにしています。**

事前準備ということは、先回りして何かをしてあげる、相手を快くすることですから、貢献する行動のひとつです。貢献しようと思えば、相手に関心を持つはずです。

恋愛とビジネスは同じだとよくいわれますが、両者とも関心のある相手については、その人がどんな暮らしが好きなのか、どんな食べ物を好むかを調べるものです。

とある実業家がフェイスブックで、いま、体をしぼっています、1日にゆで卵を3つしか食べません、と書いているのに、馬鹿な営業マンは「疲れるでしょう」とおはぎをお土産で持って行ったりします。

接待で食事の予約をするときでも、何度か会っている人が「オレは脂ものが嫌いだ」と日ごろからいっているのに焼肉屋に招いたり、事前の準備なしに、自分の思い込みや自分基準でものごとを進めると、地雷を踏んでしまうのです。

貢献行動なら自分中心でなく、相手を中心に事前に情報を集めて対処することが必要です。それが本番に強くなる方法なのです。

恋愛とビジネスは同じ。相手が好きなもの、興味あるものを徹底的に知ることにエネルギーを注ごう。

初対面の人に、百年の知己のようにふるまうためには、相手のすべてを知っておくことだ。

第4章

「習慣」を変える思考を持ちなさい。やがてそれは

人は繰り返し行うことの集大成である。だから優秀さとは、行為ではなく、習慣なのだ。

――アリストテレス

人間はただ眼前の習慣に迷わされて、根本の原理を忘れるものだから気をつけないと駄目だ。

――夏目漱石

習慣は、最高の召使いか最悪の主人のいずれかである。

――ナサニエル・エモンズ

成果をあげるのは才能ではなく、習慣だ。

――ドラッカー

幸福とは心の習慣である。

――マクスウェル・マルツ

運命を変えるから。

ウォーレン・バフェットはいいます。
「人は、習慣で行動するので、
正しい思考と振る舞いを
早いうちに習慣化させるべきである」
振る舞いとは、言葉と行動を指しますから、
正しい思考、正しい言葉、正しい行動は、
早いうちに習慣化させなさいというのです。
逆に、正しくない思考、正しくない言葉、
正しくない行動は、習慣にならないうちに、
一刻も早く消滅させなければなりません。

習慣 *Habit*

四十歳を過ぎると自分の習慣と結婚してしまうのだ。
——メレディス

善なる行為も習慣のおかげで善行でなくなってしまう。
——カント

古い習慣があなたを悩ませているなら、それに対立する新しい習慣を考え出し、それを実行しないさい。

——ジョセフ・マーフィー

あなたが失敗する理由は、一日延ばしの習慣にある。
——ナポレオン・ヒル

習慣は人間生活の最大の道案内である。
——デイヴィッド・ヒューム

「無形の資産」を得る習慣とはどんなものですか？

人生は、たくさんの選択と、その積みあげられたもので形づくられています。いい換えれば「習慣」です。習慣こそが、人生の質を決めるのです。

自己啓発作家で有名なジョセフ・マーフィーもこのようにいっています。

「古い習慣があなたを悩ませているなら、それに対立する新しい習慣を考え出し、それを実行しないさい」

習慣には、良い習慣と悪い習慣がありますが、よくいわれるのは、意識的につくりあげた習慣は良い習慣、無意識につくりあげられた習慣は悪い習慣ということ。

自分の運命を変えようと思うのなら、自分の中の悪い習慣に気づいて、意識的に良い習慣に変えるしかないのです。この作業は、蓄積された時間が長ければ長いほど、つらく、苦しいものですが、その繰り返しによってしか、自分を変えることはできないのです。

私のメンターの一人に、そんな良い習慣をふだんから心がけている人がいます。

ゴルフ会員権の販売会社「桜ゴルフ」を経営する、女性起業家の佐川八重子社長です。

佐川社長は、いろいろなことを習慣にしている人ですが、たとえば慈善団体に毎年、必ず少なからぬ金額を寄付し続けています。これにはわけがあるのです。

佐川社長は現在、女性起業家支援を柱にしていますが、これまで老人福祉、教育機関、最近では福島被災地支援など幅広い活動をおこなってきました。

20代半ばで起業し、若くして成功を収めた佐川社長は、大きなお金を手にして怖くなったといいます。「この小さな成功も人のおかげ。世の中にお返ししなければ」と、会社を始めて4年目から寄付行為をおこない43年になります。

道なき道を切り拓き、ときには経営危機に遭遇しながらも寄付を欠かさなかったのは、「社会還元活動と仕事は不可分の関係にある」と考えているからだそうです。

生き馬の目を抜くセールスの世界では、稀有といっていい生き方です。

また、人とのコミュニケーションにおいても、佐川社長流の伝達作法を習慣化しています。それは、連絡をメールで済ませてしまわずに手紙を必ず書くことです。お礼状などは、忙しい生活の中で、徹夜してでも書き上げて出す人です。

私の主催するセミナーにお招きしたとき、「アナログを大切にしなさい」と教えていましたが、これも心を伝える方法として、まっとうなものだと私は感じています。

もうひとつ、佐川社長で特筆したいのは、知人と知人を結びつけることを習慣にしていること。コミュニティをつくることがうまいということがあげられます。

私も幾人かの有能な人々を佐川社長によって紹介され、ありがたいと思ったことがたびたびあります。

佐川社長のこうした生き方は「無形の資産づくり」だと思います。

無形の資産、有形の資産という言葉は、『ライフシフト　100年時代の人生戦略』（東洋経済新報社）で、くわしく紹介されている概念ですが、銀行預金やマイホームといった有形の資産に対して、**無形の資産は、健康、スキルや知識、友人関係、パートナー、家族など**です。

日本を筆頭とした長寿社会は、すでに100歳まで生きることを前提とした生き方を模索せざるを得ない状況になっています。

超高齢化社会ではしばしば老後資金や年金が論議されますが、**この100年時代に大きな価値を持つのは、むしろそうした、お金を中心とした有形の資産ではなく、無形の資**

産である、というのです。これには私も大いに同感です。
そういう時代を前にして、陰徳や、礼儀、コミュニティづくりを基本にしている佐川社長の生き方、その習慣づけは、大いに勉強になると思います。

運命を変えるために、人生100年時代を生き抜くために、健康、スキルや知識、友人、パートナー、家族といった無形資産を見つめ直そう。

人生100年時代には、
これまでとは違う
資産づくりの習慣が求められている。

なぜ早寝早起きはよいのですか？

私たちは、早寝早起きや「おはよう」「こんにちは」「さようなら」のあいさつなど、意識して生活に習慣を持ち込むこともありますが、無意識のうちに、同じ行動を繰り返していることも多いものです。繰り返しの行動は、習慣化されますから、その良し悪しについて、一度、きっちりと判別しておきたいものです。

日常的に良い習慣といえば、代表例は「早寝早起き」だと思います。

よい子が、お母さんからほめられる習慣の第一がこれです。夜は早寝して、お父さん・お母さんだけの時間をつくってあげ、朝は早起きして、お母さんに「起きなさい、学校に遅れますよ」と怒鳴る手間を省かせるのですから、ほめられて当然でしょう。

イギリスの作家・ジョセフ・アディソンも、こういっています。

「早寝早起きの、勤勉で、分別があって、金を浪費せず、真っ正直な人間が、運の悪さをこぼすのを見たことがない」

運のよい人の最初の条件が「早寝早起き」なのです。

これまでにも何度か出てきたアースホールディングの山下誠司さんは、特筆級の早起きです。午前2時55分きっかりに目を覚まし、ベッドから飛び起きます。

以前は、3時55分起床でした。しかし、カレーハウス「ＣｏＣｏ壱番屋」の創業者・宗次徳二氏がアースに講演に来てくれた際、このようにいっていたそうです。

「僕は、日本一早起きの社長だと思っている。3時55分に起きて掃除をして、そこでいろいろとアイデアを思いついたり、頭の整理をしたりする」

これを聴いた山下さんは、「自分はもっと早く起きて、日本一になろう」と決めました。宗次氏が3時55分ですから、2時55分。1時間前倒しです。

ただし、山下さんが早寝かといえば、そうではありません。3時間以上寝ると、ばかになるといっていますから、せいぜい12時就寝です。

睡眠時間は3時間を満たしませんが、これは若いときに國分社長に出会って、

「1日も休まず、そしてだれよりも早く店に来れば店長になれるよ」

といわれて以来の、短時間睡眠なのです。

だから、山下さんには先の言葉よりも、この名言のほうがふさわしいでしょう。
「若いときから早起きの習慣をつけている人は、長生きするという傾向があり、そういう人は、卓越した有能な人物になる場合が多い」ジョン・トッド（アメリカの牧師）
夜は短時間睡眠ですが、山下さんは帰宅してもダラダラ過ごさず15分以内に眠り、短時間でも良質な睡眠をとるようにしています。これも良い習慣のひとつですが、この細切れの睡眠があって、あの超多忙の激務をこなせるのでしょう。

運のよい人になるために、太陽の運行と同じ習慣を身につけよう。

睡眠の質がよくなければ、十分な活動はできない。
質をよくする工夫も大事なのだ。

行動を習慣づけるために何が必要ですか？

山下さんの朝の行動は、ざっくりとこれまでも触れたように、2時55分に起きて4時には会社に出ています。ここから7時までは、70店舗の経営上の問題の把握と、その解決法、クレーム処理など、お金に絡むことについて、細大漏らさずチェックします。

自分の育てた、25人のフランチャイズ・オーナーからのメール連絡をすべて読み、7時から10時までは各店長への連絡です。各店舗は10時に開店しますから、ここからは店の営業を邪魔しないように連絡はストップ。店舗視察に駆けまわり、午後7時からスタッフや取引先との会食、というスケジュールになります。

こうした1日の行動の礎になっているのが、早起きの習慣です。

でも、ただ早く起きるというのでは不十分です。当社のスタッフの一人に聞いたら、早起き奨励の私にいわれて、5時半に起きているというのです。

ところが、低血圧で「7時ごろまで、ボーっとしています」と。

目的のない、だらだら時間を過ごしているわけです。

だから、単に目的もなく早起きするというのではなく、早く起きて何をするか、これをやるから早く起きるといった目的思考、目的観がなければ意味がありません。

山下さんは、國分社長にいわれたこともきっかけにはなったのですが、何よりもアースを前進させたい、1日も早く目標とするフランチャイズ100店を実現したいという目的があります。それに向かって驀進しているから、わずかな睡眠時間だけで早起きの習慣を続けることができるのでしょう。

一つ考えたいのは、よい行動を習慣づけるには、どうするかということです。

早起きも一つの行動ですが、**この行動を習慣づける、つまり継続させていくためには、私は勝ちぐせをつけることだと思います。**

いってみれば、脳に「楽しい」「嬉しい」「認められた」「得をした」「快い」という感情を湧き出させて、ドーパミンを噴出させることです。そうすれば、早起きのように、人によっては少々つらさを感じさせる行動も継続するし、そのうちに苦にならなくなります。

習慣とは違いますが、私は広島でトレーナーについてもらって筋トレをしているのです。これはつらいけど継続できると感じています。

私についているのは優秀なトレーナーで、たとえば腹筋を10回やるとき、8回目くらいまでは楽勝で、ちょっと余裕でやっているのですが、9回目は上げた足を止めるとか、10回目はもっと長い時間足を止めるなど負荷のかかることをやらせます。

これをトレーナーなしでやっていたら、おそらく継続はできないでしょう。ついラクをして、いい加減に8回くらいでやめてしまいます。

トレーナーがいれば、つらくても「あと2秒」などと声をかけてくれますから、続けて頑張ることができます。これをヒントに考えれば、習慣化するために、一緒にやる仲間がいたほうがいいということになるでしょう。

よい行動を習慣化させるために脳に「勝ちぐせ」をつけよう。

できるだけ楽しく、面白くやることが、習慣化には大切である。

トイレ掃除にはどんな意味がありますか？

ジョセフ・マーフィー（アメリカの宗教者・著述家）が、こういっています。

「成功者の真似をしていると、それが一つの習慣となります。それがかなったら、あなたは大いに喜ぶべきです。ひとたび習慣となったら、意志では容易に変えることができないからです」

早起きをする、掃除をする、トイレは入念にきれいにする、といったことを、成功者はよくいいます。また、そうしたことを下敷きに、成功するために、早起きしなさい、掃除をしなさいということもよく聞きます。

マーフィーの言葉を逆読みすれば、それを習慣にしたほうが成功に近づくわけですが、私は「なぜだろう」とその理由を考えることがあります。

なぜ、早起きしたり、掃除をしたりすることが、成功への道に通じているのだろう、と。

松下幸之助氏は、掃除が行き届いていれば、だれもがすがすがしい気持ちになるし、整理整頓がされていれば、仕事がムダなく合理的に遂行できる、そして何よりも自ら実践するところに大きな意義がある、といっています。

とくに、寒い冬に雑巾がけの拭き掃除をするといったつらいことが、人を成長させるといっています。**そのつらさをがまんして続けていけば、それが習慣となって、やがて苦痛が少なくなっていく、苦労が希望に変わっていく**、というのです。

アースの國分社長も「掃除ができない人間は絶対にダメ」といっています。

國分社長が店舗視察で、最初に見るのはトイレです。いちばん汚くなりがちなところを、いちばんピカピカに磨き上げることが大事だというのです。なんといっても、人間にとってトイレはなくてはならないものですから。

でも、だれもがトイレ掃除はしたくないことのひとつ。**ストレスはきつい環境に入ったときにかかりますが、それに対してどこまで耐えられるかです。ストレス耐性です。**

そういう意味でいうならば、掃除、とくにトイレ掃除は、ストレス耐性と関係があるかも知れません。それによって、私たちは自分の持っている人間力を試されている、といってもよいでしょう。

國分社長が「だれよりも早く出社せよ」と山下さんにいったのも、同じ理由のような気がするのです。つまり、ストレスに耐える力を若いうちにつけておきなさい、ということだと思うのです。

昔から早起きだった私には、その良い理由がなんとなくわかります。

もともと人間も動物も、明るくなると目を覚まし、太陽とともに活動し、日が沈むと眠る生き方をしてきた生き物です。そのほうが、よいリズムとして細胞の遺伝子に組み込まれています。

受験勉強も資格試験の勉強も、私は朝方にしかしたことがありません。朝のほうが、私は断然、効率がよいのです。夜のように脳が疲れていませんから。

掃除もしてみると、ふだん気づかないところに気づきが起きますし、気分はすっきりとします。単純に感情が整理できます。

それ以上に、**掃除という行為に心を集中しながらも、その時点でいちばん心にかかっている問題や課題について、ふと考え込んでいます。これが問題や課題の解決につながることもあります。**

こうしたことをトータルして、掃除が自分を取り戻す時間になっていたりして、生活の質を上げることにつながるのではないかなと思いますが、もっと根底には、掃除をして汚れを取る、きれいにすることが、人間として「善」であるという意識があるのではないでしょうか。この清潔さを取り戻す「善」に対して、だれも異を唱えることはできません。

まさに反論の余地のない善行を自分はしている、その意識が、ポジティブ思考と同様の「順」の力、積極的に生きる力を湧き出させてくれるのかもしれません。

問題や課題が解決しないときは、朝早起をして、トイレ掃除を楽しんでやろう。

いま、自分は間違いのない「善」をなしているという意識は、余裕と自己肯定感を生む。

習慣を変えるにはどうすればよいですか？

習慣は継続していくものですから、そこには1ミリでも、昨日よりも今日の自分が、「成長した」「改善した」「変化した」というものが必要です。

そのために必要なことは、習慣の振り返りと新陳代謝です。

では、その基準はどうしているかといえば、私はサラリーマン時代に比べてシンプルに考えるようになりました。國分社長が「○《マル》か×《バツ》か」の2者択一で答える人でなければ成長しない、変化できないといっているように、です。

たとえば、つき合う人も難しく考えずに、好きか嫌いかで決めていきます。それが習慣になっています。一緒にいて、楽しい人か、楽しくないかは、たいへんに大きいものです。

心地いい状態で仕事をしたほうが、いいアイデアが出ますし、空気の流れも違います。

企画マンなどが、会社で机に向かっているよりも、一人になって好きな音楽を聴いているときのほうが、よい企画が考えられるといいますが、それと同じです。

どんな自分でいたいのか、どんな人とつき合いたいのか、自分に向き合って、答えを紙に書いていきます。つまり、過去の人づき合いの棚卸です。すると、なぜか成長する人とつき合っているときは、仕事の結果も出ているのです。

そのほうが自分がワクワクしますし、楽しい。パワーも出ます。

だから、**だれと時を過ごしたらよいのか、その基準を持つこと、つまりワクワクして楽しい時間を過ごすこと自体を、習慣にしていくことが重要だと思うのです。**

その習慣をつくるために、過去の人づき合いの棚卸をしたほうがいいのです。

自分はこんな人とつき合いたい、反対にこんな人とはつき合いたくない。國分社長のいう「○か×」です。これは人生の軸になりますから、あいまいは許されません。

それを、はっきりといえるようにしたほうがいいと思います。

これは、新しい習慣をつくっていく作業につながります。

アメリカの作家W・A・ピーターソンは、

「変化するには、古い習慣を新しい習慣に置き換えなくてはならない」

と、ある意味、当たり前のことをいっていますが、その古い習慣（これは悪い習慣といってもいい）をあぶり出すためには、過去の棚卸が必要です。

棚卸をして、出てきた習慣をすべて書き出してみるのです。

自分のこれまでの半生を思い出して、**運が上がったとき、下がったときに、どんな人とつき合っていたか、どんなことをしたか、成功したことは何か、失敗は何か、どんなお金の使い方をしたかを書き出すのです。**

新しい習慣（良い習慣）を、この半生の軌跡の中からよいものを選び、あるいは新しくつくり出します。

1週間ごとに反省をして、先週の行動でムダだったことに×をつける「やらないことリスト」という考え方もよいでしょうし、習慣を変えるということは性格につながることですから、自分の性格をどう変えたいか、どんな人間になりたいかを考えて、逆算から新しい習慣をつくるのもよいでしょう。

こうしてみると新しい習慣を創ることは、かなり意識的な作業であることがわかります。

でも、それでよいのです。意識して新しい自分をつくっていくのですから。

――4時に起きて読書をしよう、1週間に2冊の本を読もう。

――朝、30分のウォーキングをしよう。

――必ず朝食を食べよう。

——節酒しよう。日曜日を休肝日としよう。

このような新しい習慣をつくっていくのです。習慣になるまで、しばらくはつらい時期を過ごすでしょうが、カナダの作家ロビン・シャーマがいっています。

「新しい習慣は新しい靴に似ている。最初の2、3日はあまり履き心地がよくないけれど、3週間くらい経つと、慣れてきて第二の皮膚のようになる」

3週間続ければ、新しい習慣が身につくのです。

運が上がったとき、運が下がったときに、つき合っていた人を棚卸してみよう。

良い習慣と悪い習慣を分別する作業は、意外に楽しいものである。

営業のプロとして習慣づけているのは何ですか？

良い習慣を身につけるには、実行するしかありません。

ただ一度に、たくさんのことを実行するのは無理ですから、1日にひとつでいいのです。

メンターに教わったり本を読んだりして、「これはいい」と思ったことをひとつずつ改善していけばいいのです。

それを3週間続ければ、立派に習慣になるでしょう。

たとえば、私は社員に、

「お客様の言葉だけをすべて書き留めて、宿題をもらって、1日1個、勉強しなさい」

といっています。

お客様に尋ねられたことが「宿題」です。

保険の営業で伺った際に、住宅ローンの月々の返済額を減らしたいから金利を調べてほしいとか、親戚が裁判にあって困っているとか、保険とはまったく関係ないことも、意外と聞かれたりするものです。

ふつうの営業マンであれば聞き流してしまうところですが、**実はこれがお客様にとって、差し迫った出来事なのです。何よりも優先して解決したい問題なのです。**であるならば、それを一緒に考えて、解決まで持ち込まなくてはならないと思うのです。

お客様にとっては、保険よりもよほど大切な問題なのです。保険を売る前に、それらをよく調べて、解決しなくてはなりません。それが究極のお客様サービスというものです。

それを解決に導かなければ、もちろん信頼など生まれるはずがありません。

私はクライアントを訪ねたとき、1時間30分の面談のうち保険の話は20分くらいしかしません。そのほかの時間は、お客様の保険以外の相談を聞いている時間です。


先日も、ある顧客を訪ねると、銀行から巨額の融資を受けるという話を聞きました。40億円を超す巨額の融資です。

金利がこれこれだけど、といって、「どう思う」と尋ねられましたから、

「わかりました」

すぐに私の人脈で、親しい銀行出身のコンサルタントに電話をしました。

すると、金利が高い、もう少し安くする方法があるという返事。結果的に、0・3％も安くする情報を伝えることができました。42億円の0・3％ですから、少なくない額が一瞬で減ったのです。当然、お客様から喜ばれました。

こうしたことは、私は20代のころから習慣化しています。習慣にしていると、知識の幅が広がります。単なる保険バカではなくなります。

保険のことしか話せない保険バカは、驚くほど雑学というものがありません。お客様から何かを尋ねられても、何にも答えられません。

今、不動産を買ってもよいだろうか、金利は上がるだろうか、など、お客様はＦＰだから経済は知っているだろうと、いろいろと聞いてきます。

その場で答えられなくてもいいのです。

むしろ、知ったかぶってウソをついてはいけませんから、宿題としてあずかってきて、調べなさいというのです。知らないなら「知りません」と正直にいわなくてはなりません。

そのうえで、ネットや本などで調べたり、信頼できる人に聞くのです。

広い人脈を持っていると、このようなときに差が出ます。

この習慣を身につけていることによって、信頼の輪が広がっていきます。逆に保険を

「売る」ことだけに一所懸命、という悪い習慣に染まっていると、いつまでたっても成績は上がりません。

営業として、プロとして、FPとして、一人前になろうとしたら、徹底的に、お客様の期待に応えなくてはならないのです。


メンターの言葉を書き留める習慣を持って成功した一人が、元ヤクルトの宮本慎也さんです。野村克也監督と『師弟』（講談社）という本を出しています。

宮本さんはもともとバッティングよりも守備の人として入団したのですが、野村監督がいった言葉を逐一、ノートに書き記して、ひとつひとつ実行してきました。

それで、2000本安打の記録をつくったのです。

宮本さんにとって、野村監督はプロ野球の門をたたいてからの4年間、薫陶を受けたメンターです。

「野村監督から教えてもらったのは、野球のセオリーではなく、人間のセオリーだ」

このようにいっていますが、彼は野村監督のミーティングでの一言一言をノートに書きつけました。

その習慣の中で、野球の技術を身につけていったのです。

それにしても、宮本さんもそうですが、天才肌の人よりも、遅咲きの人のほうが結局は成功しているように思います。**遅咲きの人は、何かを吸収しようという意欲が強いうえに、自分の運命を、未来を変えようと必死に努力を重ねるからでしょう。**

その目的に向かって、良い習慣を身につけます。

反対に、すぐにできる人は油断します。結果的に悪い習慣を身につけてしまいがちです。

だから、自分は天才ではないと嘆く必要はまったくないのです。むしろ、名もない草木が、力いっぱいに太陽に向かって伸びていくように、良い習慣の波に乗りながら、どこまでも努力していくべきだと思います。

アメリカの女性教育家マーヴァ・コリンズの名言を、この章の結びとしましょう。

「卓越した能力は、行動の結果ではなく習慣の結果です。

あなたがもっとも頻繁におこなうことこそ、もっとも上手になれることなのです」

人に喜ばれること、
人の期待に応えることを
徹底的に追求してみよう。

正しい習慣を身につけていれば、
信頼の輪が広がって
必ず運命は好転していく。

第5章

「性格」を変える思考を持ちなさい。やがてそれは

人生における幸福は、平静さを失わない性格、忍耐力、寛容、周囲の人たちへの好意や思いやりなどに左右される部分が大きい。

——プラトン

我々の性格は、我々の行動の結果なり。

——アリストテレス

性格とは、固くもなければ不変でもない。活動し、変化し、肉体と同じように病気にもなるのだ。

——ジョージ・エリオット

何ごとかを成し遂げるのは才能ではなく、性格である。

——司馬遼太郎

性格のための証拠は、いか

運命を変えるから。

英語の「Character」の訳語として、明治時代に誕生した「性格」という日本語。また「Character」には、ほかとは異なる個性、特徴、特色などの意味も与えられています。もともとギリシャ語で「刻まれた印」を意味し、それが標識や特性の意に変化したとか。つまり性格とは、その人の思考・言葉・行動・習慣というアクションと、それに対する外界からのリアクションによって刻まれた、その人固有の標識ということでしょうか。

性格 *Character*

なる細事からでも取り出し得る。

――セネカ

人間の運命は、その人の性格が生み出したものである。

――エマーソン

人の性格は会話によりて明らかにされる。

――メナンドロス

何を滑稽と見るか、これほど人の性格を描き出すものは他にない。

――ゲーテ

性格がよいとはどういう意味ですか？

ある人の性格が現れるのは、行動だったり、思考のパターンだったり、あるいは言葉づかいだったりします。

たとえば、いま、ビルの中で火事が起こって、非常ベルが鳴ったとすると、われ先に逃げ出す人と、沈着冷静に安全地帯に人を誘導する人間とが出てきます。

この行動の差は、何に由来するのか。

その人の性格です。

自分だけよければという自己中心的な性格の人は、一目散に逃げ出すでしょうし、落ち着きのある、責任感の強い性格の人なら、まず人々を安全な場所に導くに違いありません。

このような場合、性格が行動となって現れています。

三光ソフランホールディングスの高橋会長の性格のよさは、おおらかな人間性からきていて、それが行動につながっていると思えるのです。

「与える人」が成功する時代だ、といったのは、『GIVE＆TAKE』（三笠書房）のアダム・グラントですが、高橋会長は、

「たとえ騙されるとわかっていても、与えるときには与えないと、運が落ちるよ」

といいました。このおおらかさは、人間の強さに通じています。

高橋会長は、いくつかの信条を自分に課していて、たとえば小さな約束であっても守る、時間に遅れない、嘘はつかない、などを日常生活で実行しています。

これは私たちに対してばかりではなく、どんな人に対しても、同じ対応で接します。

アースホールディングスの國分利治社長は、こういいました。

「運が悪くなる人、お金から嫌われる人は、性格がよくない」

ごみが落ちているのに拾わない人、電車で老人に席を譲らない人、人の悪口をいう人、などを例にあげています。

性格の悪さが、すべて行動や言葉になっています。行動や言葉の奥にはその人の思考がありますし、いつもそうしているでしょうから、習慣にもなっています。

性格というボタンを押すと、思考から習慣まですべてが出てくるのです。

そうしてよい性格ならば運がよくなり、お金にも恵まれますが、よくなければ運に見放

され、お金にも困るようになる、というわけです。

國分社長も、マザー・テレサと同じことをいっているのですね。

やはり性格はよくないと、損をするようです。人生で得をしたいなら、良い性格を身につけなければならないというわけです。

でも、ここでいう「よい」とはどんなことなのでしょう。

あまりに広い意味を持つ言葉なので戸惑いますが、ひとつヒントがあります。

前にも少し触れましたが、私たちは一人ひとりが、それぞれブランドです。ブランドとしての価値を高めることが、自分の価値を高めることになります。

性格は自分を表現する大きな要素ですから、自分の性格が他人にどう映っているかは、ブランド価値に大いに関係します。

ほかの人から見て魅力的な性格、キャラクターであれば、ブランド価値は高くなります。であるならば、私たちが目指すべきは、この魅力的な性格を得ることにあるといってよいでしょう。

つまり、**「よい」ということは、ほかの人から見て「魅力的」という意味です。**

反対に、ここでいう「悪い」は、「魅力がない」という意味になります。

火事だ、といわれて、一目散に逃げ出すような人には魅力がありませんが、整然と人々を誘導する人には魅力があります。

私のまわりにも、この両者がいます。どんな性格が魅力的なのか、もしくはそうではないのか、一度は考えてみたいテーマです。

他人から、どんなブランド、どんな性格に見られているのか、一度、俯瞰してみよう。

性格の良し悪しを判定するのは、
けっして自分ではないのだ。
他人が見てよければ、それはよい性格だ。

なぜイソップのカエルは失敗をしたのですか？

イソップ物語に、滑稽で、哀れなカエルの話が出てきます。

ふと見かけた大きな牛がうらやましくて、「自分も大きく見せたい」と腹を大きく膨らませ、「ウーン」と力んだとたん、腹がバンと破裂してしまうカエルの話です。

このカエルを人に引き寄せて同類を探してみると、弱みを見せたくない人、むしろ虚勢を張って、あるいは見栄を張って強く見せたい人といえます。

ブランドを極限まで上げたくてバタバタするのですが、かえって価値を自ら下げてしまう、残念な人です。

このような性格の人はたくさんいます。自分からまず恥をさらしますが、私自身、かつて、知ったかぶりをして、メンターに叱られた経験があります。

まだ独立して間もないころでしたが、マーケティングの勉強をしていました。

自分ではマーケティングの知識を自慢したくて、偉そうに、

「顧客心理はウンヌン、カンヌン…」

話し出してしまったのです。すると、2分とたたないうちに、

「君、やめなさい」

それから、こんこんと諭されました。

「君は何のプロだね？　私はこれでも年に何百億円という商売をしている人間だよ。

お客さんの心理は、少なくとも君なんかより、何倍も知っている。

うわべの知識をひけらかす人間には、魅力がないよ。

なんちゃってコンサルに、なってはいけない。

そんなことでは、経営者として必ず失敗するよ。

保険のプロなら、保険を使って人を幸せにする情報以外は、話す必要がない。

自分の世界で勝負しなさい。保険のプロらしいことをいいなさい。

そんな知ったかぶりをしていると、本当に小さな人間に思われるぞ。

ご両親が悲しむぞ」

最後の言葉は、とどめで、腹の底にずしんときました。

独立したばかりで、むしろ先行きに恐怖があって、**自分を強く見せたい、よく見せたい**

と、虚勢を張ってしまったのです。これを知っている、あれも知っている、と。

しかし、相手は立派な業績の会社の社長です。たちまち見抜かれてしまい、強烈なお説教をいただいてしまいました。

もちろん、ありがたい話でした。このときに、私自身の弱い部分をズバリとえぐっていただかなかったら、もっと大きな恥ずかしい振る舞いや、取り返しのつかない失敗をしていたに違いありません。

こんなイソップのカエルと同じことをしたのは、自己肯定感がないゆえだとも、のちに知ったものです。

砂で大きな城をつくっても何の役にも立たない。自分だけの世界で勝負をしていこう。

カエルはカエル、牛にはなれないと気づくべきだ。

自己肯定感がないと、どんな人間になりますか？

自己肯定感という言葉を、本書でも何度か使いましたが、最近、よく聞くと思います。

子どもの教育に関連しても、この言葉は使われます。どんな意味かといえば、

「自己肯定感とは、自分のあり方を積極的に評価できる感情、自らの価値や存在意義を肯定できる感情などを意味する言葉です。

…自尊感情、自己存在感、自己効力感などの言葉と、ほぼ同じ意味合いで使われています。

…小学校高学年の時期に、重視すべき発達課題の一つとして、自己肯定感の育成があげられています」（国立青少年教育振興機構のホームページより）

要は、**自分は大切な存在だ、価値ある存在だと感じること**でしょう。

この自己肯定感を持っていると、当然ながら性格的にはポジティブになり、自信のある行動をします。反対に持っていなければ、自信がなく、チャレンジできず、それを知られ

まいとして虚勢を張ったり、弱みを隠したりします。

残念なことに国立青少年教育振興機構の調査（2015年8月発表）によると、日本の高校生はアメリカや中国、韓国の高校生に比べて、自己肯定感が格段に少なく、72％が自分はダメ人間だと思うことがあるということです。

おそらく高校生にかぎらず、大人でも同じ傾向にあるのではないかと思います。

自己肯定感がないと、自分を開くことができません。性格的な弱さを持ってしまいがちです。

ここで話を性格に戻しますと、思考から言葉、行動、習慣、性格といったサイクルを途方もない回数繰り返して、現在の性格ができているのですから、いったんできた性格を、変えることは簡単ではありません。

そこで私は、まず自己肯定感を持ち、さらに強くしていくことで、最終的によい性格、魅力的なキャラクターを持つ人間に変わっていくことをおすすめします。

適齢期を過ぎた、未婚の女性に結婚しない理由を尋ねたら、

「相手がいない。自分を受け入れてくれる男性がいない」

と答えが返ってきました。

実は、これは当社の一人の女性に聞いたときの返事ですが、彼女は元キャビンアテンダントで、容姿も人柄も人並み以上です。

ふつうなら、とっくに結婚していても不思議ではない人です。

その人が、自分を受け入れてくれる男性がいない、と答えるのです。

私は、受け入れてもらえる戦略が必要だ、といいました。

これまでの自分が、男性に受け入れてもらえない人間ならば、男性に対する思考を変え、言葉を変え、行動を変え、習慣を変え、そうして性格を変えて向き合わなくてはならないのです。鍵になるのは、自己肯定感の有る無しです。

つまりは、**原因が男性にあるのではなく、自分にあることに気づく必要があるのです。**

自己肯定感がないと、従来の自分を守ろうとします。

別の自分になることが怖いのです。これでは変われるはずがありません。

ですが、逆算の思考で考えてみれば、最初にあえて別の自分になることを決断することによって自己肯定感を持ち、思考から習慣までを変えることで、いまの自分が変わることもできるはずです。

そこではじめて、魅力が生まれ、男性に受け入れられる女性になれるでしょう。

自己肯定感がなければ、弱い自分をつねに抱え、いつも自分の弱さを意識していますから、ストレスがそれだけ余計にかかります。
私はストレス耐性が強い性格ですが、現実から逃げるのではなく、正面から向き合ったほうが、ストレス耐性は強くなるのです。

「ありのまま」がいいなんてことはない。
あなたは成長したがっているのだ。
別の自分に生まれ変わることを決断しよう。

何ごとにも、受け身ではなく、
能動的な発想を持つべきだ。

本当に強い性格とは、どんな性格ですか？

自己肯定感が強ければ、現実に正面から向き合える、強い性格を持つことができますが、弱ければどうしても逃げてしまいます。現実逃避です。

現実に毅然と向き合わなければ、困難に陥っても「助けてください」と人にお願いすることができません。最近、とくにそのような人が多いような気がするのです。

たとえば、会社をつぶす人がたくさんいるのですが、一人で抱え込んでしまっている人、「助けて」といえない人です。

多額の借金を抱えていても、生き残ろうと思ったらリスケジュールを銀行にお願いして、返済を伸ばしてもらう手もあるのです。身を捨ててこそ浮かぶ瀬もあれ、といいますが、捨て身になって、プライドも捨ててしまえば、解決策は出てくるものです。

前に紹介した、三光ソフランホールディングスの高橋会長の半生を思い出してください。

高橋会長は米屋から不動産の世界に入りましたから、住宅ローンについてもまったくの無知でした。若い銀行員に笑われたそうですが、素直に「教えてください」とお願いしたことで、非常に懇切ていねいに教えてもらえたといいます。

こうしたことは、器が大きくなければ口にできません。自分のウィークポイントですから、できれば隠しておきたいものです。でも、性格を変えよう、運命を変えようと思うのならば、プライドを捨てて、ときには恥をかくくらいの覚悟をしたほうがよいのです。

本当の強さとは「弱さをさらけ出すことだ」といった人がいますが、私もそう思います。それが魅力的なキャラクターにつながります。そうすれば応援してくれる人が、必ずまわりに現れます。

わからないことを「わかりません」といえば、きちんと教えてくれる人が現れますし、「助けてください」といえば、助けてくれる人が現れるものです。

上司やメンターに可愛がられる性格というのは、自分の弱さを知っていて、アドバイスを素直に受け入れることができる人です。ところが、自分の弱さを認めたくない人というのは、なかなかアドバイスを聞くことができません。

今、私が開催しているFP向けの営業講座に、三上さんという38歳の女性が通っていますが、彼女は自分の性格と向き合い、覚悟を決めたことで自己肯定感が芽生え、運命を変えた一人です。

彼女に大きな力を与えてくれたのは、現在の夫。そんな彼女の口ぐせは「今の主人との出会いは、まさに宝くじに当たった」というものです。

18歳で波乱万丈。学生だった彼女は、同級生とできちゃった結婚。お互い進学が決まっていましたが、その道をあきらめ、出産しました。

彼女は当初、学生が子どもを産むという世間体や人の目を気にし、子どもをおろそうと思っていたとのこと。しかし、父に、

「そんな無責任な人間に育てた覚えはない。責任を持って産みなさい」

といわれたのです。

その父の言葉で、世間体を気にせず、天からの授かりものと一緒に生きようと決心しました。

元々スポーツが得意だった彼女は、スポーツクラブのインストラクターとして働き、家計を支えたのですが、若さゆえの夫婦間の価値観の違いから、24歳のときに離婚を経験します。

その後、外資系保険会社に転職しました。その担当部署の営業先で知り合ったのが今の夫です。

実は、彼女は自ら「実際以上に自分を見せようと背伸びする性格」だといいます。必要以上に世間体を気にするのも、ここから来ているのですが、夫はずばり、「それは自分にはない、すばらしい性格だ」とほめてくれたとのこと。

夫は「背伸びしたいというのは、成長したい、輝きたいという意欲の表れ。自分のやりたい仕事を存分にやって輝いたほうが君らしい」といってくれました。

「子どもや家庭は自分がサポートするから、自分の力を信じて全力で打ち込んでほしい、バックアップするよ」と。

外資系保険会社では固定給は多かったのですが、夫の言葉に背中を押され、フルコミッションの保険会社に転職。ルーキー賞を受賞し、翌年にはMVPまで受賞しました。

また、18歳で産んだ長男が、バスケットボールの日本代表に選ばれました。

子育てと仕事の両立ができている彼女には、ママ友からも、「どうして？　その秘密を教えて」と聞かれるほど。

さらに、業界で女性コンサルとして飛躍するために、私の講座に通っているのです。

これからは、女性としての自分の自立・挑戦といった体験談を武器に、セミナー講師や女性の育成を目指し、さらなる飛躍を誓っています。

18歳で母親になることを決心させた父。そして、自分の性格を肯定し、とことん発揮させようとしてくれる夫によって、大きく運命が変わったと彼女はいいます。

自分の弱み、隠したい体験と正面からもっと向き合おう。「助けて」といえる人間には必ず助けてくれる人が現れるから。

「助けて」といいえない小さなプライドが、問題解決の大きな妨げになることは多い。

その税理士は、なぜ変身できたのですか？

自己肯定感を持つには、きっかけが必要です。

私の親しい税理士の岩松正記さんは、笠井と同じように自己肯定感の弱い人間でした。いま不動産業で成功している末岡由紀さんも同じでした。前出の高校生の調査結果ばかりでなく、大人でも自己肯定感の弱い人間は、実に多いものです。

岩松さんは東北大学を出て証券会社に入りましたが、その後メーカーに転職し、転職先でもうまくいかずに会計事務所に入りました。なかなか税理士の資格が取れず、薄給ですから、証券会社時代に結婚した奥さんの稼ぎで生活していました。

性格的な弱さがあったのでしょう。その彼に奥さんが、ついにいったのです。

「あんた、いったい何しているの？

そんな資格も取れない、独立もできない人は、私、嫌いよ。いい加減にして」

強烈な口調で詰め寄られたといいます。

この一言に彼は目が覚めました。自分は変わらなくてはならない、と一念発起しました。何よりも税理士の資格を取らなくてはと猛勉強し、もともと頭は悪くないのですから、試験に合格。修業したのち、独立を果たしました。

彼とは文章講座の同期生として出会いましたが、

「私は江上さんとは違って、1番を取ったことがないからな。いつも、そこそこだから」

といっていました。証券会社でも、営業マン400人中40番くらい。悪い成績ではありませんが、私のように全国でトップというものではありません。

そうしたことが、自己肯定感の弱さにつながっていたのかもしれません。

ですが、奥さんの強烈な叱咤のおかげで、変わろうという意志を持ちました。資格も取り、独立も果たし、本を出そうという強い思いまで抱いたのです。

意志を持ち、こうした行動を展開することで、彼の中の自己肯定感は、急速に育ったと思います。それは何よりも、

「自分には、人に認められたいという強い思いがある。だから、お客様が素直に相談してくれたら、精いっぱいやる」

気持ちを、ありのまま口にしたことに表れています。

認められたいという願望そのものは、ある意味では、少々恥ずかしい、人として弱さとされかねないものですが、そうした「自己開示」を何のてらいもなく言葉にして、さらにそれを仕事上の信条としたのです。

この信条には、素直ではない客は相手にしない、という強い意志が表れています。どんな客が「素直ではない」のかといえば、税理士に相談もなく、今期の利益を消すために売上を来期に飛ばしたり、こそこそと節税したりする会社です。

そのようなことをする会社の面倒は見ない、というのです。

反対に、**赤字で困っているとか、お金が足りないといった、自分を信じてくれるがゆえの相談ならば、精いっぱいやる、というのです。**

税理士として、場合によっては損をしかねない信条ですが、このような強い姿勢は、自尊感情にあふれた自己肯定感がなくては示すことができません。

江上さんは何でも正直にいうから応援しようと思う、ともいってくれました。

実際に岩松さんは、私に語った言葉どおりに行動しました。

私は広島とは別に、東京にも会社をつくりましたが、その際、広島の会社と東京の会社の会計を分けました。これはメンターからのアドバイスでもありましたが、広島のお金には一切手をつけず、東京は東京で独立採算でやるためです。

資金ゼロでやらなくてはならないと岩松さんに相談したところ、岩松さんが融資先として政策金融公庫を紹介し、同行してくれました。岩松さんは政策金融公庫の支援税理士という資格者で、彼が扱うと融資条件で優遇されるのです。

たいへんに助けられましたが、岩松さんのように「自分は認められる人間になりたい」と、大人になってから、なかなかいえるものではありません。

ですが彼は、堂々と口にし、職業上の信条にまでしたのです。自己肯定感を強く持ち、現実と正面から向き合う現在の岩松さんには、昔の性格的な弱さは感じられません。

自分の弱さを受け入れ、自分を飾らず、正直に生きよう。

自分の弱さと向き合えれば、強い人間に変われるのだ。

その人はなぜ、運命を変えることができたのですか？

不動産業で成功したパーフェクトパートナー株式会社・代表取締役の末岡由紀さんも、長らく自己肯定感を得られず、現実逃避を繰り返していた一人です。

北海道で生まれ育ちましたが、自衛隊に入ってもなじめず逃げるようにやめ、その後、大学に入り直したものの、卒業後は場末のパチンコ店の店員になりました。そこでの生活は、決して褒められたものではなかったといいます。

性格的に弱さがあり、つねに逃げの姿勢で生きていたのでした。

そんな末岡さんに、あるとき田舎の母親から手紙と一緒に一冊の小冊子が届きました。

手紙には、短く、末岡さんの生活が心配であること、でも、「母は、いつか必ず由紀がきちんとした生活に戻ってくれることを信じています」と書かれてあったとのこと。

そして同封の小冊子は、ナポレオン・ヒルの名言集でした。

小冊子を手に取って、何気なしにめくっていると、次の言葉が目に飛び込みました。

「自分の運命は、自分で決定できる」

多くの名言が書かれているなかで、このとき末岡さんの心には、強烈にこの言葉が突き刺さったのです。

のちにそれは、末岡さんの窮状を知った母親が、何とか生活の立ち直りをしてほしいと考え、そのきっかけになればと願いつつ、送ったものだとわかったのですが、この手紙と一冊の本が、彼の転機を決定づけました。

末岡さんの胸に、大きな反省の渦が生まれたのです。

「俺は、いったい何をやっているんだ」

と現実の生活を振り返り、そして、

「早く、苦労をかけた母さんに、楽をさせなくてはならない」

母への恩返しを決意させました。

両親が離婚したのは、末岡さんが生まれて直後のことです。

そこから母親は末岡さんを引き取り、のちに再婚もします。彼は、実の親も含めて父親が3人いるという複雑な家庭で育ちます。

それでも母親はスナックに勤めたりしながら、貧しくとも幸せな家庭を一所懸命に築いてきたと末岡さんはいいます。

長かった母親との歴史の一部始終を、この手紙は末岡さんに思い起こさせ、彼自身に情けない生き様を強く振り返らせる、よい契機となったといいます。

そこで考えたのは、とにかくお金を稼がなくてはならないということです。

それなら不動産業界しかないと、北海道でも有名な不動産会社に営業マンとして入りました。それから3年間、がむしゃらにがんばりました。

毎日、朝早くから終電ぎりぎりまで、遅れた分を取り戻そうと、ほかの人の倍以上働いて、ついに営業成績でトップを獲得。

その後は、デベロッパー部門に移り、ここでよい不動産、悪い不動産の目利きを養い、さらに銀行との折衝の仕方や、不動産の仕入れのノウハウを身につけました。

そして、30歳のときに独立したのですが、10年たったいまでは北海道の本社に加え、東京にも立派な支社を構えるまでになっています。

末岡さんは、母親の手紙を読み、ナポレオン・ヒルの名言に出会ったことが、生き方を変える契機になりました。

同時に、不動産会社でがむしゃらに働き、結果を出す中で、自己肯定感を養い、逃げることを真っ先に考えてしまう弱い性格を克服していったのです。

それは、社会の落ちこぼれから成功者へと、運命を変える経緯でもありました。


弱い人間は、どうしても現実から「逃げる」傾向にあります。

実は私も、父親の死の後、現実から逃げました。

サラリーマンに、逃げたのです。

もし自己肯定感が強くあり、性格が強かったら、サラリーマンにならずに死んだ父親の跡を継いで電気店を営み、家業を立て直すくらいのことをしていたでしょう。

ですが、自己肯定感が低くて自信のなかった私は、貧乏は嫌だ、オヤジみたいになりたくない、電気屋を継いだらオヤジみたいになる、と上場企業のサラリーマンに逃げてしまったのです。

人間、逃げ始めると、どこまでも逃げます。

東京本社で勤め上げられず、熊本にも逃げました。さらに、つらい現実があると、その現実から逃げます。逃げて逃げて、逃げ続けるのが自己肯定感の低い人間の習いです。

しかし、いずれ逃げ場所がなくなるときがやってきます。

追い詰められて、もはや現実に向き合うしかないときがやってきます。

その課題は人によってさまざまですが、あなたがそれと向き合い、そこから学ぶまで、何度でも繰り返されることになります。


私はすでに述べたように笠井裕予の借金問題やビジョンのなさなど、メンターからさまざまな弱みを指摘され、それを契機に現実に向き合うことができました。

もはや目の前の厳然とした問題を乗り越えるしかない、やるしかない、と腹をくったとき、人ははじめて弱い自分から強い自分へと変わることができます。


まず、変わるしかない、と腹をくくることです。

そうすれば、思考がポジティブ思考へと変わり、ポジティブ思考は言葉と行動を力強いものへと変え、良い習慣が身につき、そうして一歩ずつ前進する中で自己肯定感を獲得し、魅力のある方向に性格を変えていくことができます。

それはやがて、運命を変えることにつながるのです。

結局は自ら思考を変えることだ。
そこから言葉や行動、習慣、性格が変わり、
運命を変えることができる。

この世で変えることができないものはない。
必ず、あなたの運命も変えられるのだ。

結びに

幸福な「変身」は、どのようにして得られるか。

これが本書のテーマでしたが、今話題の書『LIFE SHIFT（ライフ・シフト）』の教えるこれからの日本人の生き方は、変身、変化がたいへん重要な要素になります。

100年以上の長寿を生きる時代が現実に到来しており、日本の社会が大きく変化するからです。『LIFE SHIFT』では、「いまこの文章を読んでいる50歳未満の日本人は、100年以上生きる時代、すなわち100年ライフを過ごすつもりでいたほうがいい」と指摘しています。

かつては一つの生涯年数だった50歳前後の人間でも、あと50年間もの人生が待っているのですから、もう一つの生涯を生きるようなものです。

人生の目標も夢も、長い時間をかけて実現していくことができるでしょう。何度失敗しても、この長い時の流れの中で、何回でもリベンジできるはずです。

ともあれ、100年のライフプランがこれからは必要であり、もはや、従来の80年のライフプランは通用しない時代を迎えているのです。

それは、社会全体の変革を意味し、教育、働き方、結婚、子供、女性の地位などなど、これまでの常識はすべて覆される時代だということです。

このように、世の中が変化を前提にして動いていくとき、人間自身も「変身」を前提で生きていかなくてはなりません。変身しない人々は、時代に取り残されていくしかないでしょう。

その際、いかにして幸福な「変身」を成し遂げることができるか。

これはこれからの人間、『LIFE SHIFT』になぞらえれば今50歳未満の人々にとって、最大の問題に他ならないのです。

私はマザー・テレサの箴言に導かれ、本書に示した変身のための方程式を考えましたが、「変身資産」という表現を使う『LIFE SHIFT』の考え方も、紹介しておきましょう。

100年ライフでは、お金やマイホームといった、姿の見える資産と同時に、友人関係や知識や健康といった「見えない資産」が重要であると、同書ではいいます。この資産は、お金に換算できません。

「変身資産」は、その目に見えない資産の一つです。１００年ライフを生きる過程で、人々は多くの変身を経験するといい、その変身のために必要な資産が「変身資産」です。

どのような資産かといえば、

「自分についてよく知っていること、多様性に富んだ人的ネットワークを持っていること、新しい経験に対して開かれた姿勢を持っていること」

などです。

自分を知り、強い人間関係をつくり、柔軟なハートを持つこと、それ自体が資産だというのです。

１００年ライフでは、夢や目的を何歳になっても持ち、見えない資産の仲間や友人を増やして、いくつになっても変身していくことが大事です。そうして人生に成功していくことができるのです。

本書に登場されている資産家の皆さんも、最初から成功している人はいません。

世のため、人のためという利他の思考で行動し、見えない資産を築き、その見えない資産の後押しで、現実の見える資産を作り上げたのです。

『ＬＩＦＥ ＳＨＩＦＴ』に、次の一節があります。

「人生に満足している人に共通する際立った要素の一つは、生涯を通して深くて強力な人間関係を築いていることだった」

今、どんな境遇、どんな環境にあっても、身近な人を大事にすれば、それが堅固な「見えない資産」となって、幸福な変身を後押ししてくれるでしょう。それが運命の好転です。

本当に大事なものは見えないものなんだ、と考えて、この１００年ライフを生き抜いてください。

江上　治

江上 治（えがみ・おさむ）
株式会社オフィシャルインテグレート代表取締役
1967年、熊本県天草市生まれ。
有名スポーツ選手から経営者まで年収1億円を超えるクライアントを50名以上抱える富裕層専門のカリスマ・ファイナンシャル・プランナー。
サラリーマン時代には大手損保会社、外資系保険会社の代理店支援営業において、新規開拓分野にて全国1位を4回受賞し、最短・最年少でマネージャーに昇格を果たす。自身が所属した組織もすべて全国トップの成果を挙げる。
起業後は、保険営業を中心としたFP事務所を設立。人脈ゼロ・資金ゼロから1,000名を超える顧客を開拓し、これまで新規に獲得した保険料売上は600億円超に達する。指導した部下は全国7万人のセールスの中でベスト5に2回入賞。中小企業のコンサル業務も展開し、サポートした企業の売上が1年で8倍増になるほどの成果を上げている。
著書に、ベストセラーとなった『年収1億円思考』をはじめ、『年収1億円人生計画』『年収1億円手帳』『あなたがもし残酷な100人の村の村人だと知ったら』『1000円ゲーム―5分で人生が変わる「伝説の営業法」』（以上、経済界）、『プロフェッショナルミリオネア―年収1億円を生む60の黄金則』（プレジデント社）、『決まりかけた人生も180度逆転できる！』（三笠書房）がある。

運命転換思考

2017年3月9日　初版第1刷発行
2017年3月13日　初版第2刷発行

著　者　江上　治
発行人　佐藤有美
編集人　安達智晃

発行所　株式会社経済界
〒107-0052　東京都港区赤坂1-9-13　三会堂ビル
出版局　出版編集部　☎03(6441)3743
出版営業部　☎03(6441)3744
振替　00130-8-160266

http://www.keizaikai.co.jp

ブックデザイン　小口翔平＋三森健太（tobufune）
編集協力　エディット・セブン
写真　Martin Barraud / getty images
印刷所　株式会社光邦

ISBN978-4-7667-8609-5